权威·前沿·原创

皮书系列为

“十二五”“十三五”国家重点图书出版规划项目

健康保险蓝皮书

BLUE BOOK OF
HEALTH INSURANCE

中国健康保险发展报告（2019）

ANNUAL REPORT ON HEALTH INSURANCE OF CHINA (2019)

主　编／于　莹　阎建军

社会科学文献出版社
SOCIAL SCIENCES ACADEMIC PRESS (CHINA)

图书在版编目(CIP)数据

中国健康保险发展报告.2019／于莹，阎建军主编
.--北京：社会科学文献出版社，2019.9
（健康保险蓝皮书）
ISBN 978-7-5201-5429-1

Ⅰ.①中… Ⅱ.①于… ②阎… Ⅲ.①健康保险-研究报告-中国-2019 Ⅳ.①F842.62

中国版本图书馆CIP数据核字（2019）第184204号

健康保险蓝皮书
中国健康保险发展报告（2019）

主　　编／于　莹　阎建军

出 版 人／谢寿光
组稿编辑／任文武
责任编辑／王玉霞　李艳芳
文稿编辑／刘如东

出　　版／社会科学文献出版社·城市和绿色发展分社（010）59367143
地址：北京市北三环中路甲29号院华龙大厦　邮编：100029
网址：www.ssap.com.cn
发　　行／市场营销中心（010）59367081　59367083
印　　装／天津千鹤文化传播有限公司

规　　格／开　本：787mm×1092mm　1/16
印　张：16.25　字　数：210千字
版　　次／2019年9月第1版　2019年9月第1次印刷
书　　号／ISBN 978-7-5201-5429-1
定　　价／120.00元

本书如有印装质量问题，请与读者服务中心（010-59367028）联系

《中国健康保险发展报告（2019）》
编　委　会

主要编撰者简介

于　莹　研究员，研究生导师，上海健康医学院党委副书记。主要从事社会医学和卫生事业管理、医学伦理学等领域研究。兼任中华医学会医学伦理学分会法规专业学组委员，上海医学伦理学会伦理教育专委会主任委员，中国卫生信息与健康医疗大数据学会智能医疗健康专委会副主任委员。曾获全国医学伦理学和生命伦理学优秀著作奖，中国医院协会医院文化专业委员会创新项目奖。近年来，主持并参加了上海市科委、上海市卫计委、申康医院发展中心、中国医院协会专委会等科研项目近10项。

阎建军　中国社会科学院金融研究所创新工程执行研究员，国家金融与发展实验室保险与发展研究中心主任，中国保险学会理事。研究领域主要包括健康保险与医药卫生体制改革、健康经济学、医疗责任保险等。发表论文百余篇，主持各类课题20余项。主要专著有《强制私营健康保险：双目标逻辑》（2013年）、《医药卫生体制改革与上海健康保险交易所设立构想》（2015年）。

前　言

中共中央、国务院制定的《“健康中国2030”规划纲要》从两方面推动了健康保险业发展，一是要积极发展商业健康保险，二是要逐步引入社会力量参与医保经办。在市场经济环境下，健康保险业在医疗保障体系和医疗服务体系中的重要性日益凸显，但是，业界和理论界对其发展规律仍然存在许多模糊的甚至似是而非的认识，有必要对此持续关注和深入研究。

“健康保险蓝皮书”是国家金融与发展实验室和上海健康医学院合作编写的系列性研究报告，致力于对中国健康保险业发展面临的长期性、根本性、前沿性问题进行研究，汇聚政产学研力量，走理论与实践相结合、国际视野与国内实际相结合之路，为主管部门提供政策储备，为健康产业链中的相关机构提供经营参考。其创新之处表现为两点。

一是分析框架有所创新。报告分为三部分，第一部分是总报告，对2018年中国健康保险业总体发展情况进行了回顾和展望。第二部分立足于市场现状，对当年国内外健康保险业发展和运行中的主要情况进行概括、分析和评述，可以称为“市场报告篇”。第三部分立足于未来发展，致力于对我国健康保险业未来发展产生深远影响的医改试点进行持续跟踪和分析评价，并对国际医保控费改革以及德国黑森林地区以价值为导向的医改试点进行了介绍，以期为我所用，可以称为“制度创新篇”。目前，我国健康保险业、国家金融与发展实验室和上海健康医学院参与了一系列医改试点，包括基层医疗服务体系改革试点、DRG支付方式改革试点等，既对“健康中国”战略的落地有积极意义，又推动健康保险功能创新，打开了健康保险业未来发展空间，有必要对其进行持续跟踪和评价。

二是研究视角有所创新。国内外大多数研究报告把“健康保险业”（Health Insurance Industry）和“商业健康保险”混为一谈，我们对二者加以明确区分，因为健康保险业的业务包括两部分：一是基于民商法、自愿原则和营利性原则，经营商业健康保险业务；二是基于强制原则、保本微利甚至非营利原则，经营公私合作（PPP）业务，比如我国保险业经营的大病保险、城乡居民基本医疗保险和城镇职工基本医疗保险经办业务。从美国和德国的经验看，健康保险业的发展受到基本医保公私合作制改革的深刻影响，基本医保公私合作（PPP）业务成为健康保险业功能创新的基础[①]。鉴于研究对象的复杂性，研究视角需要相应改变，基于自愿原则的健康保险市场供需分析视角需要加以拓展。

基于自愿原则和保险合同，《健康保险管理办法》把健康保险界定为“保险公司通过疾病保险、医疗保险、失能收入损失保险和护理保险等方式对因健康原因导致的损失给付保险金的保险”。在本报告中，为了符合国内外健康保险业发展实际，健康保险的内涵除了包括上述内容之外，还包括由保险公司经营的基于公私合作制的基本医疗保险和大病保险。

本报告是集体研究成果，作者团队来自国家智库、上海健康医学院、保险业、医药行业和社保研究机构等多个领域，于莹和阎建军对报告全文进行统编、修改和定稿。作者团队成员还包括钱芝网、万广圣、武晓明、刘洪波、冯鹏程、沈浩、袁梅、范娟娟、赵静怡、黄春芳、崔妍妍、郭红艳、胡浩、施毓凤、濮桂萍、陈楠。

---

① 阎建军：《政府基本医保对商业健康保险有“促进效应”吗?》，《金融评论》2018 年第 2 期。

本报告得到国家金融与发展实验室李扬理事长的亲自指导和大力支持，上海健康医学院黄钢校长给予了多方面的支持，业内专家朱泓旭、邵晓军、董向兵等为本书的撰写提供了评审意见和多方面的帮助，谨致谢忱，但文责由作者自负。

期盼着各种批评建议，也希望我们的成果能够为我国发展健康保险业和深化医药卫生体制改革提供些许智力贡献。

编者

2019 年 3 月 5 日

摘　要

《中国健康保险发展报告（2019）》是“健康保险蓝皮书”的年度系列报告，主要内容如下。

总报告对2018年中国健康保险业总体发展情况进行了回顾与展望，认为在监管当局大力发展保障型业务的政策导向下，健康保险业实现了高速增长。其中，商业健康保险业务在产品、渠道和商业模式等诸多方面出现了值得关注的创新发展，背后有着数字科技革命带来的深刻影响。政府委托经办业务在基本医疗保险、大病保险、医疗救助和长期护理保险等众多领域继续拓展，成为转变政府职能的抓手。

“市场报告篇”包括3个专题报告。

大病保险和个人税优健康保险是我国健康保险业两类独特的险种。报告对大病保险和个人税优健康保险制度创立和发展进程进行回顾，肯定了发展成绩，指出了面临的诸多问题和挑战，基于对制度设计当中不完善之处的分析，对深化改革提出了政策建议。

2018年，五家美国健康险集团进入《财富》世界500强。报告认为美国健康保险集团在医疗服务体系中承担三大功能，实现了功能扩展，是做大做强的关键。

开展长期护理保险制度试点，是我国应对人口老龄化的重要举措。报告总结了长期护理保险试点工作总体进展，肯定了“政府主导、保险公司经办”模式，认为长期护理保险试点取得了明显成效，并提出了加强顶层设计等政策建议。

“制度创新篇”共有3个专题报告。

“健康黄骅”基层医改赋予家庭医生“提供健康管理服务，提供基本医保控费服务”两项新职能，引入健康保险业参与基层医疗服务体系治理，逐渐触及一些深层次的体制机制问题，旨在明晰“健康黄骅”基层医改机理。

基本医保控费改革成为我国深化医药卫生体制改革的重心，也为健康保险业参与基本医保经办管理提供了契机。本报告梳理国际基本医保控费改革的历史演变和内在逻辑，分析“政府控费模式”和“公私合作控费模式”的成败得失，为我国基本医保控费改革提供参考。

德国黑森林金河谷整合型医疗模式，受到国际多家卫生政策权威研究机构的推崇。我们在专题报告中从四个方面探讨了黑森林金河谷整合型医疗模式运行机理，包括组织方式、激励模式、医疗模式和持续改进的机制，探讨了对我国的启示。

关键词： 健康中国　健康保险业　医疗保险

目 录

Ⅰ 总报告

Ⅱ 市场报告篇

Ⅲ 制度创新篇

皮书数据库阅读**使用指南**

总 报 告

General Report

B.1
2018年的中国健康保险业

于 莹 武晓明 沈 浩*

摘 要： 本报告对中国健康保险业总体发展情况进行了回顾与述评，在大力发展保障型业务的政策导向下，2018 年中国健康保险业总体实现了高速增长。其中，商业健康保险业务在产品、渠道和商业模式等诸多方面出现了值得关注的创新发展，折射出数字科技革命带来的深刻影响；政府委托经办业务在基本医疗保险、大病保险、医疗救助和长期护理保险等众多领域继续拓展，成为转变政府职能的重要抓手。在人口老龄化、“健康

* 于莹，上海健康医学院党委副书记，研究员，研究方向为社会医学和卫生事业管理、卫生经济学、医学伦理学等；武晓明，中国人民健康保险股份有限公司处长，高级经济师，研究方向为医疗保障；沈浩，天安人寿保险股份有限公司健康险事业部副总经理，研究方向为医疗保障。

中国”建设转功能、调结构等诸要素并推下，中国健康保险业既具有广阔的发展前景，也面临新的挑战，亟待医药卫生体制改革进一步深化和监管政策的完善。

关键词： “健康中国” 人口老龄化 健康保险业

一 改革开放四十年来的发展沿革

改革开放四十年来，中国健康保险业主要经历了起步时期和专业化经营时期两个阶段。健康保险保费收入从无到有，发展速度日益加快，尤其是过去的5年，年均增速达到38%。

起步阶段（2004年以前）。1982年，国内恢复保险业务后，经上海市人民政府批准，中国人民保险公司上海分公司于1983年1月开办了“上海市合作社职工医疗保险”，这是国内恢复保险业务后第一笔健康保险业务①。进入20世纪90年代，国民经济保持高速增长，人民生活水平不断提高，医疗保障制度改革加快推进，经过试点，针对企业职工建立了社会医疗保险制度，这为健康保险的发展开辟了广阔的空间。

专业化经营阶段（2005年至今）。专业健康保险公司的出现，形成了多种主体共同经营健康保险的格局。在政府主导下，健康保险业的经营范围由传统的商业健康保险业务拓宽到政府委托经办业务，并与健康产业链上下游积极进行整合，经营领域由提供单一的健康保险产品向全方位、全周期健康服务延伸，保险功能由单一的医疗费用补偿向推动管理型医疗、对医疗服务实施精细化管理等新

① 段家喜：《我国商业健康保险发展的历史机遇》，《中国保险》2008年第8期。

功能扩展。

截至2018年上半年，我国市场上经营健康保险业务的主体约150家，其中，专业健康保险公司7家（分别是人保健康、平安健康、和谐健康、太保安联、昆仑健康、复星联合健康、瑞华健康）、寿险公司71家、养老险公司4家、财产险公司68家；较2016年新增12家，较2015年新增23家。

二　总体情况

2018年，国内保险业经历转型阵痛，寿险业务出现负增长，产险业务也呈低速增长状态，唯独健康保险业务继续保持高速增长。

（一）原保险保费收入及增长情况

从2016年开始，原保监会强化“保险业姓保”的监管导向，特别是在2017年“1+4”系列文件实施以后，健康保险加快回归本源，以往一些偏理财性质的健康保险产品大幅收缩，健康保险保费增速回落，2017年，全行业实现健康保险保费4389亿元，同比增长8.6%。2018年，全行业实现健康保险保费5448亿元，同比增长24.1%（见图1）。

（二）健康保险深度和健康保险密度

近年来，随着健康意识的普及，健康保险深度总体呈上升趋势，从2011年的0.14%上升到2018年的0.61%（见图2），说明我国健康保险在国民经济中的比重不断攀升；健康保险密度保持较快增长，从2011年的51.3元/人增长至2018年的389.1元/人（见图3），说明随着人民群众收入的改善和保险意识的增强，健康保险消费正在较

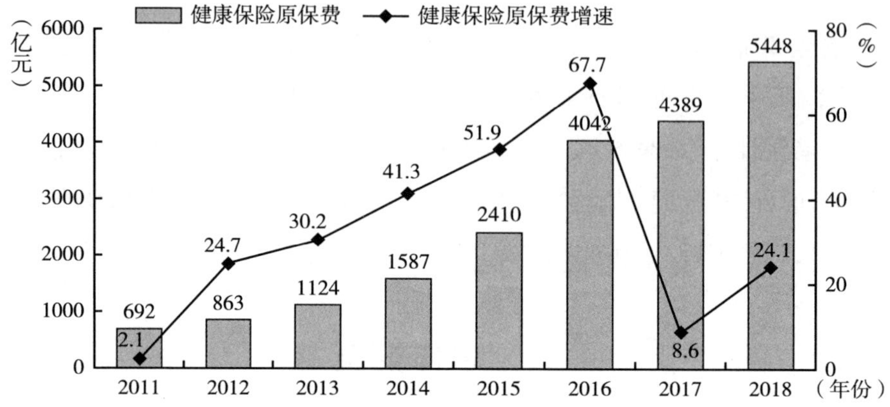

图 1　2011～2018 年我国健康保险原保险保费收入及增速

资料来源：中国银行保险监督管理委员会网站。

快增长。但与发达国家相比，仍然存在较大差距，以日本、德国等发达国家为例，一般为 3000～4000 元/（人·年），美国更是超过 16000 元/（人·年）。

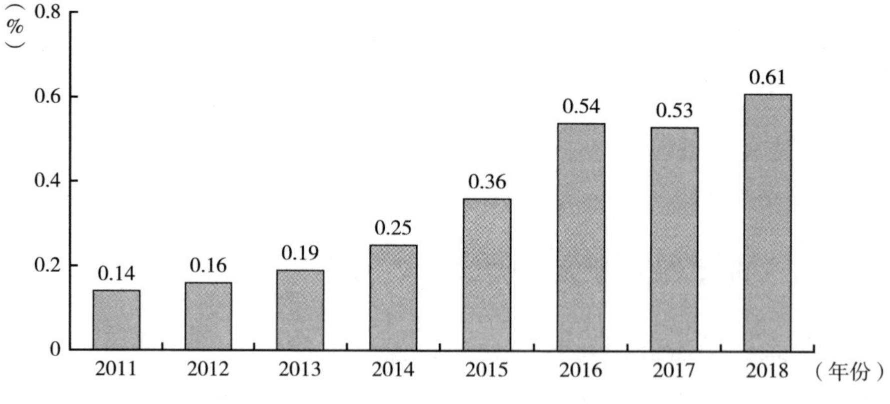

图 2　2011～2018 年我国健康保险深度

资料来源：根据国家统计局、原中国保险监督管理委员会公开数据整理。

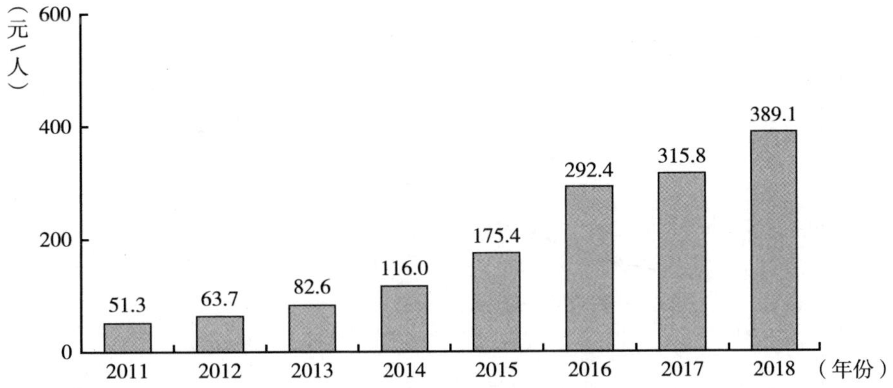

图3　2011～2018年我国健康保险密度

资料来源：根据国家统计局、原中国保险监督管理委员会公开数据整理。

（三）健康保险保费在保险业总保费中的占比

2011年以来，健康保险保费在保险业总保费中的占比快速上升，2018年达到14.34%，健康保险已成为保险业的重要业务领域，占人身险保费收入比重从6.37%增至20.95%，占全行业保费收入比重从4.60%增至14.34%（见图4）。

（四）健康保险赔付支出占卫生总费用比例

2012年以来，健康保险赔付支出在卫生总费用中的占比快速上升，2017年达到2.51%，健康保险在我国医疗保障体系中的作用进一步增强，但与成熟市场相比，仍然处于较低水平（见图5）。

2018年，广东（不含深圳）、山东（不含青岛）、江苏、河南、北京、四川、河北、湖北、浙江（不含宁波）、上海10个省市健康险原保费收入共计约2445.43亿元，在健康险总保费中占比58%（见图6）。

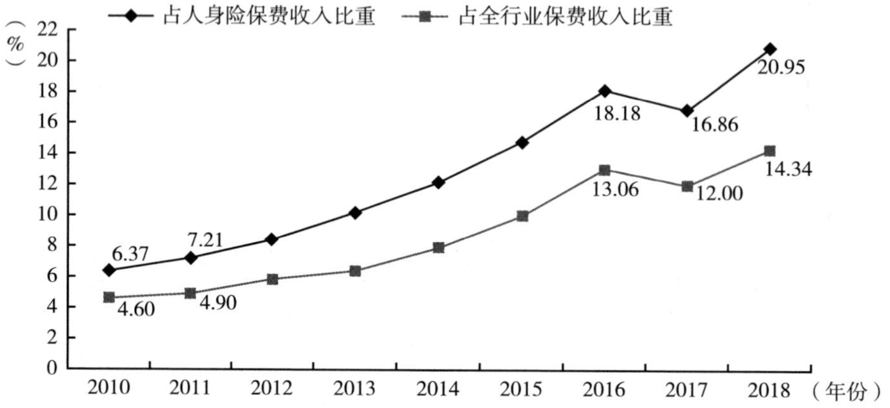

图4　2010～2018年我国健康保险原保费收入占比变化情况

资料来源：根据中国银行保险监督管理委员会网站公开数据整理。

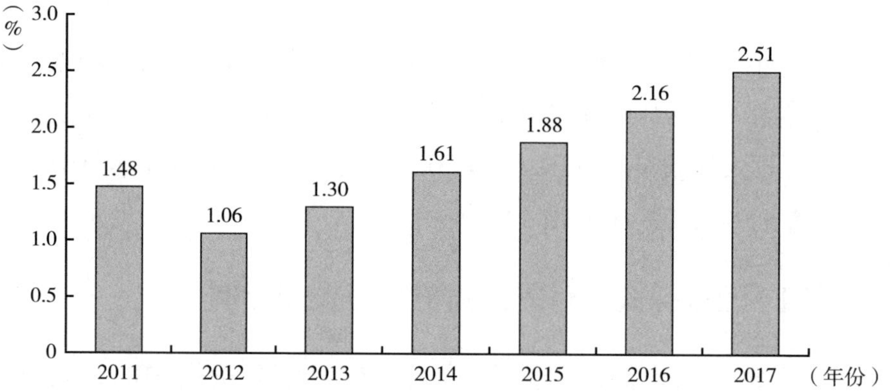

图5　2011～2017年我国健康保险赔付支出在卫生总费用中的占比

资料来源：根据原国家卫生和计划生育委员会、原中国保监会网站数据整理。

健康险前十大区域市场虽然偶有名次变化，但近几年整体保持稳定。广东（不含深圳）、江苏、山东（不含青岛）、北京、河南、四川、浙江（不含宁波）、上海、河北、湖北等传统保险区域强省市一直稳定在保费收入排名前十。

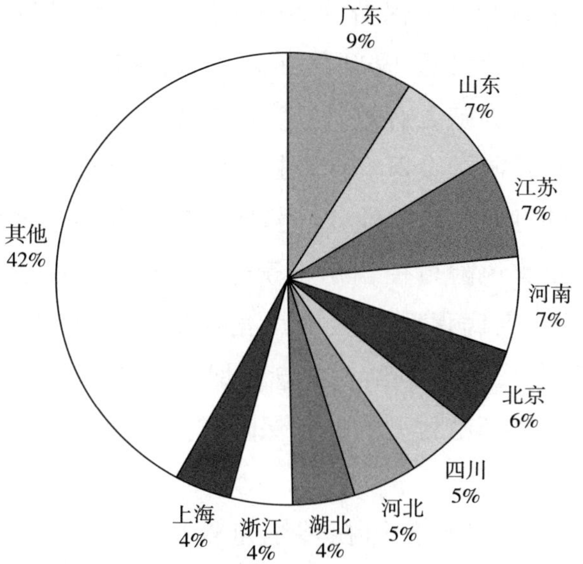

图 6　2018 年我国健康险原保险保费收入地区分布情况

资料来源：根据中国银保监会网站数据整理。

三　业务状况与特点

（一）商业健康保险业务发展状况与特点

1. 从产品结构上[①]看，以疾病保险业务为主，以医疗保险、护理保险等为辅，同时保险公司在产品责任、费率、服务、销售渠道上积极进行创新

从 2018 年健康保险各险种的保费规模来看，疾病保险仍然是健

---

① 按照2006年9月1日起施行的《健康保险管理办法》规定，健康保险，包括疾病保险、医疗保险、失能收入损失保险和护理保险等产品。其中：疾病保险，是指以保险合同约定的疾病的发生为给付保险金条件的保险。医疗保险，是指以保险合同约定的医疗行为的发生为给付保险金条件，为被保险人接受诊疗期间的医疗费用支出提供保障的保险。失能收入损失保险，是指以因保险合同约定的疾病或者意外伤害导致工作能力丧失为给付保险金条件，为被保险人在一定时期内收入减少或者中断提供保障的保险。护理保险，是指以因保险合同约定的日常生活能力障碍引发护理需要为给付保险金条件，为被保险人的护理支出提供保障的保险。

康保险市场的主力产品，保费约 3600 亿元。医疗保险、护理保险等其他健康保险保费合计近 1900 亿元。一个直接原因在于，保险公司对医疗机构医疗行为缺乏有效管控，报销型的医疗保险无法做到有效控费，更多的是跟随社会医疗保险扮演一个补充报销的角色。大部分保险公司本身的健康保险专业化经营能力仍然存在不足，导致保险公司更加侧重于销售风险可控、新业务价值率较高、保费件均较高并能够迅速上规模的疾病保险。从市场角度看，消费者更加容易接受“罹患重疾就赔付”的定额给付概念，保险代理人销售疾病保险也更加简单。因此，定额给付型的疾病保险成为寿险公司和健康险公司大力发展的业务险种。

2018 年，各家保险公司在传统重疾保险的基础上积极升级换代，疾病种类、保障责任、保险费率、服务方式方面都有所突破和提升，出现性价比也越来越高的态势。比如，在重疾险数量上，有的公司产品达到了 160 多种。在赔付方式上，有的产品增加了多次赔付，比如，天安人寿推出的重大疾病保险，把重疾、中症和轻症进行了分组，所有的疾病分在几组里，第一次患病赔付保额，这组疾病保障责任终止，余下其他组的疾病继续保障。在服务方式上，有的增加了重疾就医绿通、电话医生、疾病事前管理等各种健康管理服务内容。

2. 民众需求爆发推动了医疗保险继续保持快速发展，同时在严格监管的政策下，医疗保险由粗放式增长逐步走向规范化发展

2018 年，医疗保险保费达到 1848 亿元，在健康保险中占比达到 34%，同比增长 27%，仅次于疾病保险。在目前保险公司对医疗机构缺乏控费能力，加上本身健康险专业化能力不足的情况下，寿险公司更多是把件均保费低、理赔频率高的短期医疗保险作为获客工具，或者作为客户体验理赔的工具，或者作为寿险产品、疾病保险产品的附加险进行组合销售。此外，随着国内高端客户人群数量

的扩大以及赴国内高端私立医院和海外医院就医需求的增长，高端医疗保险、海外医疗保险在2018年也得到了较快发展，保费规模增长较快。

2016年、2017年连续两年火爆市场的“百万保额医疗保险”在一定程度上反映了民众健康保障意识的觉醒和线上消费习惯的变化对传统营销模式的猛烈冲击。民众对于健康保障的需求高涨也引发了保险公司的积极投入。但是，百万保额医疗保险在高速发展过程中，出现了一系列问题，如为追求营销噱头，在严重缺乏经验数据、定价基础的情况下，保险公司盲目设定高额给付限额；在短期医疗保险中违规引入“终身给付限额”“连续投保”等长期保险概念[①]；有的保险公司夸大产品功能，扰乱市场秩序；有的互联网保险公司在核保阶段缺乏有效风控，导致理赔时产生纠纷或者因为线下服务能力不足，导致理赔出现问题等。此类问题引起了消费者的不满和监管机构的关注。2018年5月4日，银保监会发布关于组织开展人身保险产品专项核查清理工作的通知（银保监19号文），明确了人身保险产品开发设计负面清单，对保险产品进行规范。

随着监管力度的加大，从2018年下半年开始，保险公司热推的百万保额医疗保险开始降温，一些不合规的百万保额医疗保险产品停售，有的保险公司追加修改了保险合同，已经购买的老客户要么接受新条款继续续保，要么停止续保，也有的保险公司推出新产品以替代此前的产品。在市场营销方面，保险公司也不再像以前那样高调宣传百万保额医疗产品。随着监管政策的调整，百万保额医疗保险虽然降温，但并不影响保险公司开拓和深耕医疗保险市场的方向。医疗保险在这一年中逐步走向更加规范发展的道路。

---

① 苏向杲：《银保监会19号文专项核查收官　中小型险企压力更大》，《证券日报》2018年7月4日。

3. 保险科技赋能健康保险，突破了健康险发展瓶颈，在销售、产品、服务、理赔等方面全面改变健康保险，正在或即将改变健康保险的业务模式

2018 年，移动互联网、大数据、区块链、人工智能、云计算、医疗新技术等新技术浪潮正在加快改变商业健康保险发展的外部环境和内部制约机制，正在或即将改变商业健康保险的业务模式。

保险科技能够解决健康险领域信息不对称的难题。人工智能技术可以运用到风险评估、核保理赔、客户保险需求解析等方面。有的保险科技公司与公立医院开展了医疗数据对接，通过人工智能为保险行业的智能核保、智能理赔、智能续保、智能健康风险诊断、智能预诊、智能分诊、智能健康干预等进行全方位、全流程的业务支撑。

互联网移动医疗可以帮助保险公司实现远程医疗、远程健康管理、快速理赔等。基因技术、疾病早期筛查、癌症早筛、微创手术、肿瘤免疫疗法等，可以提升保险公司的风险控制能力。新的医疗技术能够帮助保险公司有效防止道德风险，健康管理技术的发展能够帮助被保险人预防和控制疾病的发生等。在国内健康险领域已经出现了“健康风险诊断”公司和技术。例如可穿戴式的检测设备等科技，通过消费者日常的生活方式、基础代谢率等大数据，可以为保险公司提供“风险算法”方案。消费者在没有疾病诊断的情况下，保险公司也可以做风险干预。

大数据分析技术则可以预测客户未来可能出现的新需求，制定个性化方案。有的保险公司通过实时分析客户的行为，预测客户的需求，推出了定制化的客户管理解决方案，为客户提供一站式服务。保险科技也为消费者创造了高频碎片化的保险产品、简单便捷的购买方式和高效贴心的标准化服务①。这些新技术的出现和运用，都将起到

① 清华大学五道口金融学院中国保险与养老金研究中心：《2018 全球保险科技报告》，清华大学出版社，2018。

有效提升保险公司的投保效率、控制相关风险、降低运营成本等作用。

2018 年保险科技正在给予健康险市场新的活力。保险公司本身也在积极运用大数据、云计算、物联网、人工智能和区块链等技术，在多个领域开展尝试。在人工智能、大数据挖掘等高科技的带动下，健康保险在原有缺失的审核环节和服务环节有了长足的进步：营销端，人工智能的精准推荐和线上客服极大地降低了人力成本，优化了客户体验[①]；产品端，多维大数据辅助保险精算更准确度量风险，实现产品创新和个性化定制；服务端的智能核保、智能理赔和第三方数据挖掘，医疗预前、预后等服务不断涌现，保险公司的业务流程不断优化，工作效率不断提高。

保险科技中区块链技术的应用对于健康险中的客户信息数据管理具备相当大的应用空间，该技术具有信息一致性、数据完整性和不可篡改的属性，与健康险的管理相当匹配。2018 年，部分保险公司已经采取区块链技术进行客户数据的保存，核保和理赔将会更加便捷，同时也会有效提升健康保险环节的信用程度，特别是理赔时效可以从日赔付的时效性提升到秒赔付，无疑使客户产生极大的服务黏性和保险信任度。

当然，我们也要看到保险科技仍然存在不足，比如对隐私数据保护不当、利用保险科技加深销售误导等，但是瑕不掩瑜，保险科技在创造长期持续、透明合理的健康险方面有莫大的裨益，这将对整个人身保险市场产生深远的影响，也会直接影响老百姓对于保险的体验感，乃至提升整个社会的安全感和幸福感。保险行业应当继续鼓励保险科技在健康险中的发展。

4. 个人代理渠道仍然是销售健康险的主力渠道

健康险产品尤其是保费规模最大的长期重疾险的复杂性，使得人

---

① 清华大学五道口金融学院中国保险与养老金研究中心：《2018 全球保险科技报告》，清华大学出版社，2018。

身险公司的个险代理人渠道成为最适合销售健康险的渠道，高达800万的庞大的代理人销售大军，使得与客户的接触点更为广泛。

产险公司只能销售一年期以内的短期健康险，件均保费不高，因此销售佣金也不高，对产险公司销售人员激励作用小。产险公司的渠道建设以团体客户为主。

整体来看，人身险公司健康险业务以个人客户为主，产险公司健康险业务则以团体客户为主。

（二）政府委托经办业务的状况与特点

健康保险业积极参与全民医保体系建设，推动形成了市场化的经办管理机制。

1. 全方位参与政府委托经办业务

改革开放四十年来，我国初步形成了以基本医疗保障为主体，以商业健康保险为补充，覆盖城乡居民的多层次医疗保障体系。党和政府高度重视我国医疗保障体系建设，以1998年国务院《关于建立城镇职工基本医疗保险制度的决定》为标志，开启了医疗保障制度改革。2009年新医改实施以来，我国逐步进入全民医保制度建立期。随着“健康中国”战略的深入实施，全面迈向以全民健康为中心的新时代。回顾这20年的寒暑春秋，基本医疗保险参保人数迅速增加，由改革之初的几百万人增至2017年底的13.5亿人，占全国总人口的95%以上；各级财政对基本医疗保险的投入逐年增加，对城乡居民的基本医疗保险补助，由最初的年人均40元增加到2017年的490元（增长11倍）；基本医保基金的规模不断扩大，由改革之初的60多亿元增至2017年的1.9万亿元（增长200多倍）[①]。人民群众长期被

① 王东进：《深刻认识深入研究深度解决主要矛盾 全面建成新时代中国特色医疗保障体系（上）》，《中国医疗保险》2018年第1期。

压抑的医疗需求呈“井喷式”释放，就诊人数大大增长，2018 年全国达到 81.8 亿人次。

与此同时，党和政府高度重视市场机制在卫生健康资源配置中的作用，出台了《关于开展城乡居民大病保险工作的指导意见》等多项政策，积极推动健康保险业经办各类医保管理服务，提高医疗保障体系运行效率。特别是国务院《“十三五”深化医药卫生体制改革规划》提出，积极发挥商业健康保险机构在精算技术、专业服务和风险管理等方面的优势，鼓励和支持其参与医保经办服务，形成多元经办、多方竞争的新格局。健康保险业认真贯彻国家政策精神，积极参与医疗保障体制机制改革，构建了“基本医疗保险 + 大病保险 + 医疗救助 + 长期护理保险”的委托经办业务链条，实现了“政府效率更高、成本更优、人民保障水平更高、服务水平更好”的目标。2017 年，中国保险业共承办各类政府委托经办业务规模约 780 亿元，同比增长近 30%。其中，大病保险 388.6 亿元，同比增长 16.7%；基本医疗保险委托经办业务 227 亿元，同比增长近 70%，保持了较快的发展速度。

在基本医疗保险委托经办业务方面，政府鼓励和支持商业保险机构参与基本医疗保险经办管理。青海、安徽等 10 余个省份已引入商业保险机构参与基本医疗保险经办管理，其中青海省已于 2016 年全面委托商业保险机构经办城乡居民基本医疗保险服务；安徽省于 2015 年在 25 个已经实现城镇居民基本医疗保险和新型农村合作医疗两项制度并轨运行的地区，全面开展商业保险机构经办管理试点。据不完全统计，截至 2016 年，商业保险机构已在全国经办管理 200 个县市区的新型农村合作医疗和 168 个县市区的城镇居民基本医疗保险、城镇职工基本医疗保险项目，受托管理基本医疗保险基金规模接近 150 亿元①。

① 李平：《对保险公司与医疗机构合作模式的探讨》，《保险理论与实践》2018 年第 5 期。

在大病保险业务方面，探索建立了由政府主导、专业运作、特色服务的大病保险经营管理模式，通过发挥保险机制的杠杆作用，进一步提高参保群众的保障水平，提高政府运行效能和医保服务水平，创新公共服务提供方式，取得了“群众得实惠、政府得民心、保险公司得发展”的显著成效。具体来看，主要体现了以下四个特点。

一是发挥专业优势，在产品精算、不合理医药费用控制等方面突出专业化水平，发挥保险保障的风险分担作用，平滑风险，提高保障水平，有效缓解因病致贫、因病返贫的现象。

二是创建联合办公机制，积极探索与地方政府部门和经办管理机构共同搭建联合办公平台，逐步建立“三位一体”（病前健康管理、病中诊疗监控、病后赔付核查）的全流程医疗风险管控模式，提升医保风险管控能力。

三是推行“一站式”即时结算，推动基本医保与大病保险、医疗救助“一站式”即时结算，有效减轻参保人垫支医疗费用的负担。

四是在提供专业化的大病保险经办管理服务的基础上，开发更多层次的健康保障产品和服务，推进现代化、科技化手段的应用，满足人民群众多层次健康保障需求。

在健康扶贫业务方面，国家把保险业助推精准扶贫纳入扶贫规划及政策体系，涌现出保险公司助力国家扶贫的众多案例。例如，在云南昭通，政府积极探索精准扶贫的新机制，保险业协助政府改革民政医疗救助模式，利用政府医疗救助资金，为全市 82 万余贫困对象提供补充医疗保障，运行 6 年多来，累计为 40 多万城乡困难群众提供医疗救助补偿服务；在云南大理，保险业与当地政府合作，为 32 万建档立卡贫困人口建立独立的补充保险制度，对基本医保和大病保险报销后的个人自负合规医疗费用给予 100% 的“兜底”保障，将贫困人口合规费用平均报销比例提升到 92% 以上。2017 年，以中国人民健康保险股份有限公司为例，承办了覆盖建档立卡贫困人口大病保险、健康保险、意外伤害保险及其他保险项目合计 94 项，覆盖全国 11 个省（自治区、直辖市）、67 个地市州、415 个市县区，累计承保 2447.80 万人次。

在长期护理保险业务方面，长期护理保险制度试点自 2016 年启动试点以来，目前 15 个试点城市中已有 14 个试点地区出台试点方案，12 个地区启动了长期护理制度试点，其中除上海、长春 2 个地区由政府直接经办，其余均委托商业保险机构参与经办。人保健康自 2015 年率先承保了国内第一个长期护理保险项目——青岛市职工长期医疗护理保险项目以来，为全市 240 多万城镇职工提供医疗护理保险服务，开启了国内长期护理保险制度探索之先河。截至目前，青岛长期护理保险项目已成为国内开展最早、规模最大、运行时间最长、服务人次最多的护理保险项目，人保健康管理各类在床病人超过 1.5 万人，累计服务超过 11 万人次，完成赔付近 5 亿元，并成功纳入国家长期护理保险试点，成为行业学习的标杆。

除上述业务外，健康保险业还参与了多项创新型的政府委托保险业务。如北京市预防接种异常反应保险补偿项目委托保险公司经办管理，在疫苗异常反应中引入保险补偿机制，填补了政府和企业在公共卫生补偿领域引入保险机制的空白，为预防接种工作提供了有力保障。再如天津市城乡居民意外伤害保险项目委托保险公司经办管理。该项目将意外伤害风险保障从基本医疗保障中独立，纳入社会保险保障范畴，采取全民参保、政府主导、保险公司经办的运行模式，使社会保障的制度优势与保险公司的专业优势相结合，提高了制度的运行效率和效果，避免了“因伤致贫、因伤返贫”的发生，同时取得了良好的社会效益。

2. 当前医疗保障体系面临的主要问题和挑战

从医保体系建设的角度来看，发展和保障不充分不平衡的问题较为突出，制度公平性和可持续性面临较大挑战。一是多层次的全民医保体系内部结构失衡，发展不充分不平衡。作为主体的基本医疗保险保障不充分，城乡居民基本医保实际报销水平维持在60%左右，居民个人卫生支出占卫生总费用比例仍然高达30%左右；作为托底的医疗救助制度，资金严重不足，救助力度薄弱，根本无力兜底。二是基本医疗保险制度地区分割、群体分割。目前，城镇职工和居民基本医保筹资方式与责任分担迥异，职工医保完全由个人和单位缴费，居民主要依赖政府补助（占80%左右）；筹资水平差异巨大，职工医保（3479元/年）约为居民医保（627元/年）的5.5倍，差距最大的省份可达15.4倍；保障待遇差距明显，2016年城镇职工和城镇居民基本医保实际报销比例分别为72.2%和56.3%，平均相差15.9个百分点。不同区域之间，职工和居民基本医疗筹资水平最大分别相差2倍和3.2倍。三是制度可持续性面临压力和挑战。一方面，城乡居民基本医保非强制性参保，为全民医保制度的可持续发展埋下隐患；另一方面，卫生总费用和基本医保基金支出增速远超GDP和国家财政收入增长，对基金的可持续性带来巨大压力，部分统筹地区已经出现了居民基本医保收不抵支的情况，个别地区甚至出现累计收支赤字的问题。四是现有保障制度设计上对加速老龄化缺乏统筹安排。基本医保方面，现行的退休职工不缴费政策为基本医保可持续稳健运行埋下隐患；长期护理方面，制度探索刚刚起步，而且国家层面缺乏稳定明确的筹资渠道，依靠基本医保基金的筹资模式不具备可持续性。

从医保管理的角度来看，政府社会多元治理的管理体制尚未形成，政府监管乏力和社会监督不足的问题并存。一是政府医保管理职权分散，多头管理。长期以来，基本医保的“城乡分置”和职工、居民医保的“二元分立”，造成了政府医保管理政出多门，人社、卫生、民政各管一段，难以形成监管合力。二是医保“管办不分”，监管力度不够。医保管理部门既负责管理政策和规则制定，又负责实施、操作和经办，一方面“自我监管”导致内部监督动力不足和制约机制不健全，另一方面“行政垄断”又将社会力量排除在医保管理之外，致使外部监督难以形成和发挥作用。三是经办管理力量不足，专业化、精细化管理难以实现。囿于行政编制、财政投入等限制，政府医保经办管理机构普遍存在人员队伍和专业能力不足的问题，单单依靠政府经办力量已经无法有效满足日益多样化的群众医保需求和监管要求。

从内部运行机制的角度来看，市场化的经营管理机制和竞争激励机制远未形成，医保基金使用效率有待提升。一是医保经办“管办分开”改革进展缓慢，多方参与、多元竞争的市场化医保经办管理机制尚未建立，社保经办机构作为政府下属事业单位或者参公管理单位，缺乏经办市场的市场激励和竞争，经办管理的主动性和动力不足。二是医疗机构主动控费的激励引导机制仍未建立。当前，在医保总额控制、按项目计费的被动支付模式下，医疗机构总额范围内服务越多、浪费越多，获利就越多的趋利机制未有根本性改变，医保资源的浪费仍然普遍存在。三是市场化的医疗服务定价机制尚未形成，医疗机构服务成本和医生劳务价值无法得到合理体现和补偿，医生和医疗机构大处方、大检查行为泛滥。四是医保“守门人”制度和转诊机制缺乏，致使患者无序就医，加速医疗费用和医保基金支出不合理过快增长。

四　业务创新、服务创新及其与健康产业链整合

（一）业务创新

1. 健康保险的产品创新加强，根据细分市场的保险需求，疗效保险、慢病管理保险、医疗意外保险等产品开始出现并在一定程度上得到了发展

无论是一家独大的疾病保险，还是位居第二的医疗保险，面对的

都是健康体人群，但是，在我国还有数量庞大的患病人群和亚健康体，《中国心血管病报告》显示，“全国高血压患者大约2.7亿，每年与高血压有关的死亡人数达200万例”。我国也是全球糖尿病患者第一大国，2015年病患人数高达1.096亿人，130万人死于糖尿病及其并发症[①]。因此，部分保险公司开始进行市场细分，把慢性病人群等特定患病群体纳入目标客户群体。如华泰财险、太平人寿、泰康在线等保险公司探索了针对特定患病群体的保险。

2018年，多家保险公司推出了各自的疗效保险，即特定患病人群在遵医嘱持续服用指定药物或特定检测之后如果再出现特定风险，保险公司将进行赔付。从疗效保险的运作模式来看，保险公司一般与健康管理机构进行合作[②]。

移动医疗行业的发展，也推动了慢病管理和慢病管理保险的发展。当前部分保险公司已开发了针对高血压、糖尿病、冠心病、互联网医疗诊费保险等细分领域的产品，突破了传统健康险产品不保已患病人群的禁区，更有保险公司引入国外的药品保险管理（PBM）模式，或与医院合作形成保险保障加健康管理的闭环。

以糖尿病并发症保险为例，糖尿病防控关键是构建覆盖患者教育和管理的支持系统，包括线上线下相结合的患者教育和医护培训，以及在公共卫生服务中打包成套的糖尿病筛查服务，如加入糖尿病足筛查、视网膜病变筛查等项目，从而找到更多早期患者和高风险人群，将教育防控前移。保险公司正是看好糖尿病管理的这一特点，纷纷推出针对糖尿病患者的保险产品，并利用互联网介入糖尿病管理领域[③]。

---

① 占华：《慢病管理挑战保险公司》，《中国保险报》2017年10月25日。

② 冷翠华：《监管切中“创新”要害　多款百万元医疗险停售》，《证券日报》2018年9月27日。

③ 王方琪：《慢病管理从糖尿病患者管理开始》，《中国保险报》2018年6月20日。

如大特保推出“大特保 & 血糖高管糖尿病管理计划”[①]，引入了事前预防措施，以减少糖尿病发病率并控制并发症。

上述细分市场是健康保险发展的蓝海，有利于提升健康险发展的专业化和精细化程度，对于发挥健康保险在医疗保险体系中的作用具有重要意义。

2. “互联网 + 健康保险”成为业务模式创新热点

在 2018 年之前互联网渠道主要销售简单便宜且标准化的健康险产品，如短期医疗险、慢病管理险、特定场景化健康险等。互联网保险公司、各类基于互联网的中介平台、专注于赋能险企的技术服务公司更多的是扮演一种保险销售渠道的角色。

2018 年，“互联网 + 健康保险”出现了业务模式创新。互联网机构逐步从销售渠道的单一角色转向了整合渠道、服务、产品等资源，依托互联网平台和流量资源优势，出现了大量新的健康保险商业模式、业态和产品。互联网保险公司、各类基于互联网的中介平台、专注于赋能险企的技术服务公司以及互联网巨头企业纷纷加入保险布局，依靠保险科技打造多元化健康保险生态圈。一是阿里巴巴、腾讯、京东、美团等大型互联网平台公司依托自身的平台优势和流量资源，全面进入保险销售行业，主要销售高频碎片化的健康保险产品。二是大特保、悟空保、大象保险、蜗牛保险、金阖科技等依托各自的资源和行业场景，开展了母婴、疫苗、体育、旅游、电商等各类互联网场景化健康保险，为消费者创造了高频碎片化的健康保险产品、简单便捷的购买方式和高效贴心的标准化服务。三是出现了众筹、健康管理等适合销售健康险的互联网平台。四是 KOL、“大 V”等通过 App、微信公众号、社群、抖音等平台，运用人工智能、大数据分析等技术，在线为用户提供更专业和精准的咨询服务，实现获客、咨

① 占华：《慢病管理挑战保险公司》，《中国保险报》2017 年 10 月 25 日。

询、出单、理赔全流程在线的服务，也因此出现了一批专业做客户运营的保险科技公司。场景扩大和专业化提升，使得互联网渠道已经能够销售件均保费较高、条款复杂的健康险产品。

2018 年是中国健康保险互联网化程度加深的一年，上半年互联网健康险保费 54.1 亿元，同比增长 85.9%。互联网不仅在销售端，更在服务端甚至产品端，深度改造行业，为广大用户提供更好的健康保障和服务。

究其原因，数字科技与“互联网 + 健康保险”的结合为业务模式创新提供了有力支持。一是数字技术打破了保险公司与客户间的信息壁垒，大型保险公司依托积累的海量客户信息，采用人工智能和云计算等技术，从支付能力、健康状况、医疗消费行为习惯等多个维度，精准分析客户需求。如为解决中国年轻一代的互联网客户支付能力有限、医疗保障不足的痛点，国内的健康保险公司推出了中国第一款连续六年保证续保的互联网健康险产品①。二是健康保险产品深度融入场景生态，依靠数字技术密切了客户与保险公司之间的互动关系，国内的健康保险公司与移动支付平台（支付宝）合作，将健康保险融入客户的移动消费场景，实现了与海量客户（支付宝活跃用户约8.7 亿）的零距离接触和零时差服务；同时依托后台强大的数据分析能力，筛选优质的目标客户进行精准推送，有效控制业务风险。三是提供智能化的快捷服务。针对互联网消费场景化、高频化的特征，打造了新一代互联网保险业务系统，快速响应客户需求。目前，国内保险公司的互联网保险业务出单能力已超过每秒 1000 单；应用影像与语音识别等数字技术，引入智能机器人开展 24 小时在线咨询，为客户带来了方便快捷的服务体验②。

① 宋福兴：《基于“互联网 +”的中国健康险发展模式创新》，《中国保险报》2018 年 11 月 1 日。
② 宋福兴：《基于“互联网 +”的中国健康险发展模式创新》，《中国保险报》2018 年 11 月 1 日。

（二）基于健康产业链整合，开展服务创新

健康是人生存和发展的基础，是实现中国梦的基本依托。只有人的健康得到有效保障，生命才会更有尊严，生活才会更加美好。健康保险服务链条长，涉及医疗保障、医疗服务、健康管理等多个领域，跨行业特性决定了它在健康产业链中的独特作用，使其能够勾连上下游产业的发展，形成健康服务产业集群，为经济社会发展注入新的动力。

近年来，我国大中型保险公司开始着手整合健康行业上下游，进军医疗服务、健康管理以及养老等行业，包括健康咨询、健康体检、移动医疗、专科医院、养老机构、护理机构等，对医疗健康服务产业链进行整合，向客户提供从事前预防、事中诊疗到事后赔付的全链条服务，实现获客和控费双赢，打造大健康生态闭环。

越来越多的保险公司在健康产业链中积极扩展，一方面，是因为随着我国人口老龄化进程的加快，居民的健康需求日益凸显，保险公司整合健康产业链，可以提供差异化服务来提升客户黏性；另一方面，保险业与健康管理行业和医疗服务行业进行垂直化整合，有利于降低投保人群的发病率并减少医疗费用，推动传统健康保险业务良性发展。

目前，众多保险公司围绕着消费者就医、健康管理、病后三大场景，发展出“电话医生热线”“日常就医”“健康干预”“健康筛查”“慢病管理”“海外就医”等专业化服务和产品。

保险公司向医疗健康产业链延伸的同时，医疗健康公司也在谋求拓展健康保险业务。越来越多的健康服务提供商开始向客户直接提供与保险公司合作的健康险产品，如微医集团。健康服务商提供的健康计划和保险产品数量在持续上升。健康服务商能够更直接地提供保险售后服务，从而提升产品内在价值，健康服务商在用户数据的收集和

分析上具有先天优势，持续优质的服务是用户选择留下的最大动力。

1. 中国人民健康保险股份有限公司案例

中国人民健康保险股份有限公司坚持科技引领，加快推进创新驱动发展战略，以“做出特色、做出规模，实现价值创造”为目标，加强健康管理服务产品化，丰富完善健康管理保险、健康管理服务保险和健康管理综合保障计划三大产品体系，共联共建共享医、养、药、护等上下游产业资源，为客户提供全方位、全周期的家庭医生式服务。

一是坚持模块化运营的原则和“优选”策略，与产业链各环节的优质服务提供商合作，构建线上线下相结合的服务体系。截至2018年底，已与6415家医疗机构、44万名医生（其中副主任级以上医生26万名）、15万家药店建立了合作关系；建设健康管理中心37家，在知名医院建成VIP诊疗室（商保室）107家，健康管家队伍2149人。

二是打造市场领先的移动端专业健康管理服务平台——“人民健康”App，推动“健康保险+健康管理”融合发展。依托健康医疗服务合作网络，延伸服务链条，构建起“一站多能”的服务场景，初步形成了以客户为中心，集健康医疗、健康保障、金融支付、生活服务为一体的大健康生态圈。

——针对个人客户，搭建了全国最大的就医挂号平台，在全国500多个城市的5000多家优质医院提供专家门诊预约、全程陪诊、二次诊疗、影像会诊等服务；搭建了全国最大的互联网医生平台，提供近5万名国内外医学专家一对一在线咨询服务；搭建了全国最具权威性的医学科普平台，在“人民健康”App和“人民健康网”开展在线专题健康讲座，根据客户需求推送权威健康资讯、科普知识等服务；搭建了功能完善的健康医疗服务平台，在33个城市的230多家机构实现健康体检，在89个城市的280多家机构实现齿科保健，在

300多个城市实现上门护理，在265个城市实现药品配送，通过远程会诊实现了优质健康医疗资源立体到位、扁平到户，通过健康商城优选“医、养、药、护”产品服务，满足客户多元化健康需求。提供定制化的健康风险解决方案，截至2018年9月底，已为1089万客户建立了电子健康档案。

——针对团体客户，为社保参保群众提供“掌上社保”服务，实现了社保缴费、账户查询、智能审核、快速赔付等线上服务和实时挂号等健康管理服务①，目前已在江西新余、广东湛江等地上线，助力健康城市、智慧医保建设。为企业客户提供“企业关怀”专属服务，优选爱康国宾、慈铭健康、北大医疗康复医院、北京汉琨中医医院等5家行业领先的健康管理机构，提供“企业员工健康管理综合保障计划”标准化服务，提升客户体验。

三是加快建设上海健康管理“副中心”。把握上海出台“健康服务业50条”的政策契机，抽调专业人员，建设立足上海、服务全国的健康管理服务基地。

2. 中国人寿保险股份有限公司案例

一是设立健康管理公司。2016年3月，由国寿资本与北京星牌集团旗下健康产业投资公司合资成立国寿星牌健康管理投资有限公司，专注于健康管理领域投资。2016年11月，成立国寿（北京）健康管理有限公司。

二是设立大健康基金。2015年，国寿投资公司发起设立首支旗舰型医疗健康股权投资基金——国寿大健康股权投资基金，作为今后国寿投资公司大健康投资的重要载体，该基金总规模500亿元人民币，首期规模120亿元人民币。截至2018年底，国寿投资公司已成功投资入股一批医疗健康领域优质龙头企业，并与国内外多家顶级医

① 王方琪：《力推健康产业与健康保险融合发展》，《中国保险报》2018年12月12日。

疗机构建立了良好的战略合作伙伴关系。自国寿大健康基金成立以来，累计签约规模已超过50亿元人民币。

三是建立大健康平台。“国寿大健康”平台是中国人寿保险股份有限公司微信服务号上的一个版块，其可在一定程度上满足客户对健康服务的需求，对公司的保险业务又可起到增值、获客、风控的作用。业务价值：填补健康服务空白，拓展服务内涵，提升客户体验；健康管理服务可以扩展健康保险的保障形式，公司进行保险销售时同时推广大健康平台，可通过介绍平台上的健康服务项目增加与客户的话题，提高公司获客、黏客的能力，促进业务发展；客户通过使用健康服务，增进了健康意识，提升了健康素质，可以降低健康保险赔付率，有效管控医疗风险，从而降低了公司的经营风险。

四是投资养老社区。近年来，中国人寿保险股份有限公司还着力布局大养老。目前，中国人寿保险股份有限公司已在苏州、天津、海南、北京、深圳等重点区域落地数个养老项目，形成“三点一线、四季常青”的战略布局，打造“国寿嘉园”健康养老品牌。同时，中国人寿保险股份有限公司还携手华为公司，打造“智慧养老创新实验室”，在智慧养老创新方面开展多项合作，致力于构建具有中国人寿保险股份有限公司特色的健康养老服务创新模式[①]。

3. 中国平安保险（集团）股份有限公司案例

中国平安保险（集团）股份有限公司已构建完善了“患者—提供商—支付方”的综合模式。通过在线“平安好医生”健康管理平台加线下“平安万家医疗”健康服务链，全面链接医院、诊所、医生、药店、体检中心及其他医疗机构，为患者提供全面的医疗健康服务[②]。

① 赵广道：《创新综合经营 中国人寿激活“乘数效应”》，《中国保险报》2018年1月19日。

② 辛继召：《招商信诺成立健康管理子公司 保险公司发力“大健康”》，《21世纪经济报道》2017年12月5日。

平安医疗健康管理股份有限公司（简称“平安医保科技”）：该公司聚焦医改重点领域，通过与医疗健康服务各参与方的链接和协同，持续打造“三医联动”新生态体系，为医保、商保及医疗服务供给方提供一揽子智能化解决方案及技术服务。针对个人用户，利用“互联网+”手段，构建“城市一账通”App，成为提供便捷就医、社保账户管理、健康档案管理、人社及城市综合服务的线上平台，为百姓看病就医、健康管理等提供便利。

平安健康互联网股份有限公司（“平安好医生”为其推出的医疗健康平台）：该公司是互联网医疗行业的代表性企业，成立于2014年8月。2015年4月，“平安好医生”App正式上线，推出移动平台及消费型医疗服务组合。截至2018年6月末，平安好医生注册用户数达2.28亿，期末月活跃用户数达4860万，是国内覆盖率第一的移动医疗应用。产品服务丰富全面，覆盖诊前、诊中、诊后各环节，包括健康科普、在线咨询、在线挂号、专家预约、陪诊服务、医药电商等各类服务。在2015年、2016年、2017年三年间注册用户量分别达到3030万、1.32亿、1.93亿，仅用1年时间就超越了2011年成立的春雨医生，达到行业内第一的水平。

一是处于互联网医疗健康行业领先水平。截至2018年6月30日，“平安好医生”注册用户数达到2.28亿人，同比增长18%；6月当月活跃用户数4860万人，同比增长51%；日均咨询量53.1万，同比增长58%；月付费用户数138.3万人，同比增长44%。

二是形成了线上线下结合的医疗健康服务平台。通过自有医疗团队、外部医生资源和医疗网络资源，形成线上咨询与线下购药、线上咨询与线下就医安排的服务闭环。借助AI辅助诊疗系统，提升自有医疗团队的咨询效率，提供7×24小时服务。截至2018年6月末，“平安好医生”自有医生队伍1037人，同比增长17%；签约三甲医院副主任及以上职称医师4650人，同比增长117%；合作医院3100

家（三甲医院超 1200 家），合作药店 12000 家（1 小时送药超过 4000 家）。

三是实现营业收入快速增长。平安好医生业务分为家庭医生服务、消费型医疗、健康商城、健康管理和互动等版块。2018 年上半年营业收入 11.23 亿元，同比增长 150%；毛利 3.09 亿元，同比增长 65%；净亏损 4.44 亿元，同比减亏 2.6%。

此外，太平洋人寿保险股份有限公司、泰康保险集团股份有限公司、新华人寿保险股份有限公司、太平人寿保险有限公司、阳光人寿保险股份有限公司、招商信诺人寿保险有限公司等公司也纷纷成立了旗下的健康医疗、健康管理等子公司，专门负责健康医疗、养老、健康管理等业务拓展。

除上述公司外，更多的中小型保险公司则通过与外部第三方健康医疗服务机构、养老服务公司等合作的方式，开展各类与健康险配套的健康管理服务，为客户提供更多的健康服务产品。

五 发展趋势展望

（一）健康中国建设的红利叠加，健康保险正成为保险业最具发展前景、最具创新活力的业务领域

一是健康需求快速释放。我国已迈入中等收入国家行列，尽管“人口红利”逐渐消减，但受人口基数大、老龄化加速、慢病人群增加、健康消费意识增强等因素影响，健康保障和健康管理服务正成为居民的刚性需求，“健康红利”加速释放。中国社会科学院等机构 2018 年发布的《大健康产业蓝皮书》显示，目前中国大健康产业增加值约 6.9 万亿元，2020 年有望超过 10 万亿元，占 GDP 比重达到 10% 以上。瑞士再保险公司的研究也表明，中国健康保障缺口约 5.6

万亿元，位列亚洲各国之首。

二是政策环境持续优化。党和国家加快实施健康中国战略，全面推动以治病为中心向以健康为中心转变，民生健康被摆在更加突出的位置，健康保险大有可为。护理保险试点、健康险税收优惠等支持政策有望进一步完善，新的《健康保险管理办法》有望出台，将促进健康保险加快发展。新组建的银保监会将进一步强化监管，推动监管力量向县域延伸，改善基层监管缺位状况，促进市场规范运行。

三是科技创新赋能健康险发展。以医学人工智能、健康医疗大数据、基因测序等为代表的新技术，与健康保险渗透融合，将进一步扩大传统的可保风险范畴，重塑健康保险消费者、供给者和监管者的关系，推动商业模式和产品服务升级，成为健康险转型发展的新引擎、生态优化的新动力。2018 年我国健康险市场保费增速高于寿险和财险市场。2019 年乃至未来一段时期，健康险市场有望保持 20% ~ 30% 的较快增长。

（二）经济金融形势和行业竞争态势发生重大变化，给健康保险带来新挑战

一是经济下行压力加大。当前世界存在中美经贸摩擦、地缘政治风险、金融市场动荡、经济增长分化等重大风险，正面临百年未有之大变局。国内经济虽然总体平稳，但稳中有变、变中有忧，外部环境复杂多变，经济面临下行压力。尽管健康保险属于刚性需求，具有逆周期特征，在经济下行期所受影响总体小于寿险和财险，但仍会受到一定影响。

二是保险市场步入变革调整期。我国保险业传统粗放式的发展模式已经走到尽头，正在步入加速分化、加速转型的变革调整期。2018 年保险市场增速总体放缓，尤其是寿险市场增长乏力（1 ~11 月负增长 4. 8%），新单期缴等传统寿险业务大幅下降，健康险成为各主体

业务转型的重要突破口，市场竞争不断加剧。特别是一些大型险企加快发展健康险，呈现出强者恒强的市场格局，进一步加大了中小保险公司的发展压力。

三是新业态加速冲击传统发展模式。健康险的广阔发展前景，正吸引着医疗健康、互联网科技等行业主体争相跨界布局；部分大型险企加快进军健康医疗产业，延伸健康保险服务链；平安好医生、微医保等创新业态不断涌现；保险科技的创新应用，助推了互联网健康险高速发展，倒逼传统发展模式加速转型。

六　政策建议

（一）加快构建多层次医疗保障体系，用政府和市场双手托起民生

一是按照“政府保基本、商业保补充”的原则，加快推进基本医保和商业健康保险的无缝衔接。我国基本医保按照“兜底线、织密网、建机制”的要求，侧重于保障居民的基本医疗需求，保障水平和保障范围相对有限。2017 年我国卫生总费用为 5.16 万亿元，其中政府支出 1.55 万亿元，占比 30.04%；社会支出 2.12 万亿元，占比 41.09%；个人支出 1.49 万亿元，占比仍高达 28.88%。因此，仅仅依靠政府、依靠基本医保，无法完全解决近 14 亿人的健康问题。应进一步强化商业健康保险的角色定位，通过基本医保和商业健康保险的无缝衔接，使人民群众的医疗保障水平提升到 75% ~85%，从根本上缓解人民群众的医疗费用负担。

二是推动城乡居民医保和城镇职工基本医保的制度整合，提高基本医保经办管理水平，解决医保和医疗服务的联动问题，增强医保对医疗服务的激励约束功能。

三是构建商保、基本医保和医疗机构的融合机制。强化商业健康保险作为支付方的角色定位，科学管理基本医保，与医院建立利益共享、风险共担的合作机制，用市场的手段平衡政府、医院、医生、患者、药商等各方利益，使医保运行的效益和效率最大。

（二）加快推进政府职能转变，构建多元经办、多方竞争的医保治理新格局

加快政府治理方式转型，按照政事分开、管办分离的原则，加快推进医疗保障市场化改革。将基本医保、大病保险、扶贫保险、长期护理保险等公共健康保障项目，统一交给商业健康保险公司经办，实现全链条管理。政府部门担任“规则制定者”角色，主要负责制定政策法规和制度标准，提升治理能力；商业健康保险作为“执行者或运动员”，主要负责具体的实施工作，提升经办能力；二者各司其职，实现“政府效率更高、成本更优、老百姓保障水平更高、服务水平更好”。

（三）加强法制建设，完善健康保障法律制度体系

一是尽快出台卫生健康法，推进“健康中国”法制化进程，保障人民获得更加公平、优质、高效的健康服务。

二是修改《社会保险法》，明确保险公司的经办费用来源，允许从基本医保基金中列支。有条件的地区由财政专项列支，提升保障水平。进一步完善大病保险的双向风险调节机制，推动业务可持续经营。

三是修订《保险法》，明确将健康保险作为与寿险、财险并列的业务领域加以规划。当前，健康保险市场规模快速增长，但监管格局仍以寿险公司和财险公司为主，健康保险还没有建立起一套适应其专业化经营要求的监管体系和制度。所有保险公司都在经营健康险，在

一定程度上存在不公平竞争问题；专业健康保险公司缺乏专属的经营领域，发展普遍较为困难。因此，应将健康保险作为与财险、寿险并列的业务版块进行规划，按照政府委托经办业务、商业健康保险业务两大类别，设计并不断完善专业化的监管制度，构建产、寿、健分业经营、专业发展的监管机制。

（四）加强政策支持，推动商业健康保险创新发展

目前，我国商业健康保险发展不够充分，供给能力亟待提升。与发达国家相比，我国健康保险保费仅占保险业总保费的14%，成熟市场一般在20%～30%；健康保险密度仅为389元/人，发达国家一般在3000～4000元/人；健康保险深度仅为0.61%，发达国家一般在5%左右。行业的专业化建设仍处于起步阶段，产品同质化现象较为严重，具有健康险特色的产品和服务种类还不够丰富、供给能力不足，还不能满足社会快速增长的健康保障需求。因此，应进一步推动供给侧结构性改革，支持商业健康保险做优做大做强。一是升级健康险税收优惠政策。把握个税改革机遇，加大税收抵扣力度，简化投保流程，扩大税优健康险覆盖人群，充分发挥税优健康险普惠性、政策性优势。二是打破政府、医院和商业保险机构之间的信息孤岛，推动健康医疗数据互联互通。提升保险业运用大数据等信息技术手段进行健康评估、慢病管理、健康干预和医疗过程管理的专业能力。

（五）丰富医疗保障内涵，推动“医疗保险”向“健康保障”升级

随着我国人口老龄化的加剧，慢病发病人数快速上升，慢病治疗费用占疾病总费用的70%，慢病导致的死亡人数已占到我国总死亡人数的85%，严重影响患者及家庭生活质量，也给社会造成了极大的负担。习近平总书记指出，要“树立大卫生、大健康的观念，把

以治病为中心转变为以人民健康为中心”。完善的医疗保障体系不仅应该让参保群众看得起病、看得了病，更关键的是还要让参保群众少得病、不得病。因此，建议将健康管理服务纳入我国基本医疗保险支付范围，委托专业健康保险公司在经办基本医保的基础上，加快推进家庭医生签约服务，以儿童、妇女、老年人、慢性病患者等为重点，以健康档案、健康教育、慢病管理为核心内容，探索开展“医疗保险+健康管理”试点，提升群众健康水平。

市场报告篇

Market Reports

B.2

我国大病保险和个人税优健康保险发展再认识

阎建军　钱芝网　万广圣*

摘　要： 大病保险和个人税优健康保险是我国健康保险业两类独特的险种。本文在对大病保险和个人税优健康保险制度创立和发展进程进行回顾的基础上，分析了发展成绩，指出了面临的诸多问题和挑战，基于对制度设计当中不完善之处的进一步分析，对深化大病保险和个人税优健康保险制度改革提出了政策建议。认为从医保经办管理机理来说，把大病保险经办管理与城乡居民

* 阎建军，中国社会科学院金融研究所执行研究员，研究方向为健康保险与医药卫生体制改革；钱芝网，上海健康医学院规划处处长，教授，研究方向为健康经济与健康产业规划；万广圣，上海健康医学院护理与健康管理学院副院长，副教授，研究方向为健康管理与健康保障。

基本医保经办管理分离，是无法构建大病保险控费机制的。大病保险和基本医保都采取民营化方式，或许是更优的选择。我国个人税优健康保险采取强制保险方式，但是强制保险方式与商业健康保险的定位是不匹配的。

关键词： 大病保险　个人税优健康保险　控费机制　保险公司

一　大病保险发展回顾与再认识

大病保险是基本医疗保险的扩展和延伸，是关系到广大人民群众切身利益的民生工程，也是党中央、国务院交给保险业的一项重要任务。大病保险采用了公私合作制，我国基本医保基金一般由政府社会保险经办机构管理。但是，在大病保险制度安排中，政府从基本医保基金中划出一定比例或额度作为大病保险资金，采取招标方式向保险公司购买大病保险，由保险公司以保险合同形式承办大病保险。同时，政府有关部门负责基本政策制定、组织协调、筹资管理和监管指导。上述制度安排凸显了我国大病保险制度“政府主导，管办分开，民营化运作”的特点。

2012 年 8 月，国家发展改革委等 6 个部门联合印发《关于开展城乡居民大病保险工作的指导意见》（发改社会〔2012〕2605 号）以来，保险公司将大病保险作为战略性业务精心部署和积极推进，基本形成了比较全面、专业的综合服务体系，积累了一定的承办经验。但同时，在国家医保体系的顶层设计、制度衔接、信息共享、专业管理等方面，保险公司承办大病保险还面临诸多的问题和挑战，需要从宏观政策到微观管理多层面、多方位加以解决，更好地发挥健康保险业服务民生、服务医改的价值作用。

（一）发展进程

城乡居民大病保险的出台背景。一是大病保障存在短板。截至2011年底，我国基本医保覆盖人数超过13亿人，参保率为95%以上，“病有所医”有了基本保障，但群众大病医疗费用负担仍然较重，因病致贫、因病返贫的问题仍较突出，大病保障制度尚未建立。把大病保障纳入全民医保范围，拓展和延伸基本医保的功能，有利于从制度上筑牢、织密社会安全网，切实解决大病患者的特殊困难①。二是地方试点取得成效。为进一步转变政府职能，创新公共服务管理，提升服务效率，江苏太仓等地积极探索公私合作方式，从基本医保基金切出部分资金，由保险公司以风险承保方式开展大病保障。实践证明，这些地方的群众享受到更高水平的大病保障待遇，服务质量和经办效率有所提高，总体放大基本医保的保障效用。三是国家政策支持。2012年3月，国务院《关于印发“十二五”期间深化医药卫生体制改革规划暨实施方案的通知》（国发〔2012〕11号）提出，“积极探索利用基本医保基金购买商业大病保险或建立补充医疗等方式，有效提高重特大疾病保障水平”。

近几年，我国大病保险制度实现从无到有，从地方试点到全面推开，逐步扩大覆盖人群，可分为三个阶段。

第一阶段：2012年8月~2015年7月，试点推广阶段。

2012年8月，国家发展改革委等6个部门联合印发《关于开展城乡居民大病保险工作的指导意见》，实施大病保险制度，明确“大病保险是基本医保的拓展和延伸，是在基本医疗保障的基础上，对大病患者发生的高额医疗费用给予进一步保障的一项制度性安排”，标

① 《李克强强调：建立大病保险制度　完善全民医保体系》，中央政府门户网站，http：//www.gov.cn/ldhd/2012-07/19/content_2187599.htm。

志着我国医疗保障体系建设从“病有所医”向解决“因病致贫、因病返贫”迈出关键一步。

随后，保监会先后出台《保险公司城乡居民大病保险业务管理暂行办法》《保险公司偿付能力报告编报规则——问题解答第14号：城乡居民大病保险最低资本》《大病保险统计制度（试行）》等文件，对保险公司开展大病保险业务经营管理、偿付能力、数据统计等方面提出全面要求。2013年3月，保监会公布大病保险经营资质名单，共有34家保险公司获得经营资质。与此相配合，中国保险行业协会下发了“城乡居民大病团体医疗保险示范条款（A、B型）”。

截至2015年7月，大病保险试点相关工作已在全国31个省份展开，其中16个省份全面推开，覆盖人口超过7亿人。试点中，大病患者实际报销比例在基本医保支付的基础上提高了10%~15%[①]，大大缓解了城乡居民因病致贫、因病返贫的问题，基本医保制度的保障效应进一步放大。

2015年7月22日，国务院会议确定全面实施城乡居民大病保险。李克强总理在会上提出“将社会保障的一部分资金用来购买商业保险，放大倍数优势，这是我们在医改上探索出的一条富有特色、卓有成效的新路径”，“社会保障与商业保险相结合，是持续深化医改的重大创新”。[②]

第二阶段：2015年8月~2016年9月，全面实施阶段。

在总结前期试点经验的基础上，2015年8月，国务院办公厅发布《关于全面实施城乡居民大病保险的意见》（国办发〔2015〕57号），标志着大病保险制度将在全国范围内全面推开。《意见》提出，

---

① 《医改办：31省份均已开展大病保险试点　16省份全面推开》，人民网，http：//politics.people.com.cn/n/2015/0724/c1001-27356242.html。

② 《李克强：社会保障与商业保险结合是医改重大创新》，新华网，http：//news.xinhuanet.com/politics/2015-07/24/c_128057152.htm。

大病保险试点以来，推动了医保、医疗、医药联动改革，促进了政府主导与发挥市场机制作用相结合，提高了基本医疗保障管理水平和运行效率，有力缓解了因病致贫、因病返贫的问题。

2016 年 4 月，国务院召开全国医改工作电视电话会，要求各地完善大病保险政策，对建档立卡贫困人口、五保对象和低保对象等困难群众实行倾斜性支付政策，提升大病保险扶贫济困的精准度，并将当年城乡居民基本医保财政补助人均新增 40 元中的 10 元用于大病保险。

截至 2016 年 9 月，大病保险实现全面覆盖，为全国 10.5 亿城乡居民提供了大病保险保障。16 家保险公司在 31 个省、自治区、直辖市承办大病保险业务，覆盖人群 9.2 亿（政府经办 1.3 亿人）。大病保险成为中国特色医疗保险体系重要组成部分。

第三阶段：2016 年 10 月至今，规范完善阶段。

2016 年 10 月，中国保监会发布《保险公司城乡居民大病保险投标管理暂行办法》等 5 项制度，对保险公司参与大病保险的投标管理、服务标准、财务核算、风险调节、市场退出等方面提出更为明确和详细的规范要求①。

在服务精准扶贫的国策背景下，2017 年 2 月，民政部会同有关部委印发了《关于进一步加强医疗救助与城乡居民大病保险有效衔接的通知》（民发〔2017〕12 号），加强医疗救助和大病保险两项制度在对象范围、支付政策、经办服务、监督管理等方面的衔接，充分发挥制度效能。根据国务院办公厅《关于全面实施城乡居民大病保险的意见》要求，到 2017 年，建立起比较完善的大病保险制度，与医疗救助等制度紧密衔接，共同发挥托底保障功能，有效防止发生家庭灾难性医疗支出，城乡居民医疗保障的公平性得到显著提升。

---

① 冯鹏程：《2016 商业健康险：保障能力持续提升》，《中国保险报》2017 年 2 月 8 日。

（二）现状与问题

2017 年，城乡居民大病保险覆盖了 10.6 亿城乡居民[①]，中国保险业承办大病保险的保费收入为 388.6 亿元。

1. 保险业开展大病保险的多重意义

第一，从制度设计来看，实现了“基本普惠 + 大病特惠”的新思路。我国基本医保“保基本”的目标已经实现，应实现重心调整和资源性倾斜，建立完善大病保障。大病保险从制度设计上，改变了基本医保基于参保人普惠式的保障，而是根据高额医疗费用负担，实现对大病患者倾斜性“特惠”政策，使更多的医疗资源向医疗费用较多的参保人倾斜。

第二，从行业作用来看，履行了“风险保障 + 社会管理”的新使命。商业保险机构经营大病保险，改进了政府提供公共服务方式，转变了政府职能。引入商业保险机构承办大病保险，建立“管办分离”的运行机制，是医改“建机制”的重大创新。大病保险“收支平衡、保本微利”的经营要求和风险调节机制的设计，使其具有准公共产品的性质特征，行业可以在业务经营中充分发挥风险保障和社会管理功能。大病保险业务是党和政府的民心工程，关系到城乡居民的健康福祉，对行业服务民生具有重要意义。同时，保险业首次获得专项医保制度经办权，这既是对行业风险管控和专业能力的肯定，更是扩大社会影响、提升社会形象的重要途径。

第三，从经营管理来看，提供了“理赔服务 + 风险管控”的新实践。理赔服务是大病保险业务的核心，只有理赔更科学准确、服务更周到便捷，才能让政府满意、让群众受益。也只有把风险管控做到

① 《黄洪：未来 20 年，中国人身保险业将保持两位数增长》，搜狐财经网，http：//www.sohu.com/a/258691793_481845。

位，放大资金使用效应，才能体现行业承办的优势。大病保险业务做得好，就能创造多方共赢的局面。如果做得不好，失信于政府，失信于群众，就是损害行业形象。

2. 大病保险制度试点取得了积极成效

第一，形成医疗保障“合力”。通过开展大病保险，在基本医疗保障的报销水平之上，大病患者的保障程度又提高了大约 15%，目前，大病保险个案最高赔付超过 100 万元，切实减轻了城乡居民大病费用带来的压力。另外，大病保险对扶贫攻坚具有突出作用，贫困人口中有超过 40% 是因病致贫。配合国家精准扶贫政策的实施，大病保险对于困难群体进一步实施政策倾斜，明显降低了困难群众的医药费用负担。

第二，激活医保经办“活力”。大病保险制度的实施促进了医保经办制度的公私合作制改革，通过引进保险公司开展大病保险，充分发挥了保险业在精算技术、对不合理医药费用管控等方面的专业能力，为控制医药费用膨胀和提高医保经办服务水平贡献力量。

3. 大病保险制度存在的问题

作为新生事物，大病保险制度不可避免地存在一些问题，需要在发展中加以解决。

第一，财务运营机制亟待完善。风险调节机制尚不完善。按照《国务院办公厅关于全面实施城乡居民大病保险的意见》（国办发〔2015〕57 号），大病保险设立盈亏调节机制，盈余要返还医保基金，但政策性亏损由政府和保险公司分摊。这就导致保险公司承办大病保险基本上只有亏损可能，难以实现六部委文件“收支平衡、保本微利”的要求。

部分地方存在大病保险统筹与基本医保统筹不能衔接的问题。例如，由于大病保险的地市或省级区域统筹与基本医保的小范围统筹不能衔接，个别地方降低基本医保给付，让更多参保人进入大病保险报销段，容易造成大病保险业务亏损。

不同会计核算方式问题。目前，地方政府采用收付实现制与保险公司清算大病保险盈亏，按当年简单赔付率，并不考虑未决赔款。但保险公司财会制度施行权责发生制，如果发生结余返还，将导致保险公司大病保险经营亏损。基本医保制度的收付实现制与大病保险的权责发生制之间的差异，不利于保险公司与政府沟通和形成共识，也不利于保险公司的正常经营。

第二，大病保险与其他保障制度的功能定位衔接问题。目前，约 2/3 的大病保险项目都包含扶贫责任，通过“三降一提高”向建档立卡贫困人群提供更高的医疗保障，但筹资并不足以支撑扶贫保障责任的增加。特别是部分地方政府，事先并不与承办保险公司协商测算，直接发文通知大病保险对贫困人群提高赔付标准，导致大病保险赔付超支造成政策性亏损。

第三，诊疗信息共享程度偏低。部分地方以社会保险法（第 81 条）为由，提出“不得以任何形式泄露个人信息”。不提供被保险人信息和诊疗数据，不将基本医保系统对保险公司开放对接，无法实现即时结算、智能审核和监测赔付，难以管控不合理医疗费用。

第四，招标制问题。在当前的制度设计下，符合基本准入条件的商业保险机构自愿参加投标，政府通过招标选定承办大病保险的商业保险机构，中标后商业保险机构以保险合同形式承办大病保险，承担经营风险，自负盈亏。招标制在实践过程中暴露出一些问题。

大病保险招标偏重价格竞争。某些地方政府部门在实施招标的过程中，将大病保险招标视为一般政府采购，对于保险公司必要的经办管理费用不予认可；更有甚者，招标没有底线，盲目压低报价，盲目降低起付线，提高甚至不设封顶线[①]，违背了保费至少应当弥

① 《商业保险参与大病保险面临“三惑”》，《经济参考报》2013 年 11 月 22 日。

补赔款这一基本原则。不合理的价格竞争将导致大病保险制度难以持续。

招标投标操作过程不够透明。大多数地区的政府部门没有公布对费率招标的测算依据，也没有公布费率浮动限阈，更不用说对所选定的保险费率举行公众和其他部门参加的听证会，暗箱操作容易引起恶性竞争或者滋生腐败，不少方案的科学性缺乏有效的保证。

招标与合同管理有待进一步规范。目前，大病保险主要以地市级统筹项目为主，各地政府的招标文件要素差异很大，不仅涉及保险责任方面的差异，更多的是具体细节要求。比如，招标中所需资质材料过于复杂，收取大额履约保证金或扣留较大比例的考核保费，分期保费不能保证及时到账，对清算后的协议仍要求理赔等。

（三）对问题的进一步认识

财务运营机制问题、诊疗信息共享问题和招标问题，归根到底是大病保险的定位问题。

大病保险作为一项制度创新，难免包含模糊认识，难免引起理论争议，激浊扬清，有利于大病保险制度可持续发展。

1. 大病保险是基本医保还是补充医保？

六部委《关于开展城乡居民大病保险工作的指导意见》指出，我国城乡居民大病保险（以下简称“大病保险”），是在基本医疗保障的基础上，对大病患者发生的高额医药费用给予进一步保障的一项制度性安排，可进一步放大保障效用，是基本医疗保障制度的拓展和延伸，是对基本医疗保障的有益补充。按照上述政策精神，大病保险属于补充医疗保险范畴。

但是，从医改的历史沿革看，2009 年《中共中央国务院关于深化医药卫生体制改革的意见》指出，建立覆盖城乡居民的基本医疗保障体系。城镇职工基本医疗保险、城镇居民基本医疗保险、新型农村合作医疗和城乡医疗救助共同组成基本医疗保障体系，分别覆盖城镇就业人口、城镇非就业人口、农村人口和城乡困难人群[①]。坚持广覆盖、保基本、可持续的原则，从重点保障大病起步，逐步向门诊小病延伸，不断提高保障水平。按照上述政策精神，基本医疗保险本来就是重点保障大病，那么城乡居民大病保险无疑属于基本医疗保险范畴。

关于城乡居民大病保险的属性，以上两份权威文件是相互矛盾的。从我国新农合和城镇居民医保的历史沿革看，作为基本医疗保险，其政策导向本来就是保障大病[②]。建立新农合制度的几份标志性文件都强调，新农合要坚持“大病统筹为主”的原则。2007 年的《国务院关于开展城镇居民基本医疗保险试点的指导意见》（国发〔2007〕20 号）明确提出，“逐步建立以大病统筹为主的城镇居民基本医疗保险制度”。

从医疗保险原理看，医疗保险的目的是以多数人支付的小额保费赔付少数人遭遇的大额医药费损失，对于小病则无运用保险机制的必要，因为保险机制本身还附加有运作成本，这就是可保风险的大额损失原则（道弗曼，2002）。当然，是否大额医药费损失应当以疾病治疗足以造成家庭经济困难为标准，我国大病保险制度参考了世界卫生组织关于“家庭灾难性医疗支出”的定义。针对的是家庭承担的大额医药费超出了家庭灾难性医疗支出的标准。[③]

---

① 周婷玉、李伟：《我国已有 10 亿余人享受基本医疗保障》，人民网，http：//politics. people. com. cn/GB/8821659. html。

② 乌日图：《关于大病保险的思考》，《中国医疗保险》2013 年第 1 期。

③ 经测算，各地城镇居民年人均可支配收入或农民年人均纯收入，可作为当地家庭灾难性医疗支出的标准。当参保患者个人负担的医疗费用超过这个标准时，很可能使家庭在经济上陷入困境。参见《孙志刚同志就开展城乡居民大病保险工作答记者问》，国家发展改革委网站，2012 年 8 月 30 日。

有必要对我国家庭承担的大额医药费来源做进一步分析。我国基本医疗保障已经实现了全覆盖，基本医保政策框架是由药品目录、诊疗项目目录和医疗服务设施范围目录（简称“三项目录”）和支付标准构成。三项目录规定了支付类别的范围，再加上对每一目录内项目规定了支付标准，形成了基本医疗保险报销的依据。家庭承担的大额医药费无疑都来自目录之外和支付标准之外（见表1）。其中包括临床治疗必需、但效果不确定（例如新药）或者价格昂贵的诊疗项目（药品）。

表1　我国家庭负担的大额医药费来源

	基本医保目录内	基本医保目录外
基本医保支付标准内		家庭自负
基本医保支付标准外	家庭自负	家庭自负

在2012年建立城乡居民大病保险制度之前，我国城乡居民的大额医药费负担仍然较重，原因是新农合和城镇居民医保虽然也属于基本医保，但与职工医保相比，由于试点时间较短和采取了低水平起步的政策，原本应当保大病的重点体现得不够（乌日图，2013）。

我们分别选取了东部沿海城市杭州以及内地北方城市长春，对城乡居民大病保险制度之前的职工医保大病报销比例和城乡居民医保大病报销比例进行比较。

在杭州，对于2011年大病患者（住院费用在4万元以上），职工医保在三级、二级和一级医院的自付比例分别为12%、10%和8%；城乡居民医保在三级、二级和一级医院的自付比例分别为35%、30%和20%（见表2、表3）。

表 2　2011 年杭州市城镇职工基本医疗保险保障水平

医疗机构级别	三级	二级	一级
起付线	800 元	600 元	300 元
起付线 ~2 万元自付比例	24%	20%	14% ~16%
2 万 ~4 万元自付比例	18%	15%	10% ~12%
4 万 ~18 万元自付比例	12%	10%	8%
封顶线	18 万元		

资料来源：《关于调整杭州市本级医疗保险部分政策的通知》（杭政办函〔2010〕339 号），杭州市人民政府网站。

表 3　2011 年杭州市城乡居民医保保障水平

医疗机构级别	三级	二级	其他
起付线	800 元	600 元	300 元
自付比例	35%	30%	25%
封顶线	15 万元		

资料来源：《关于调整杭州市本级医疗保险部分政策的通知》（杭政办函〔2010〕339 号），杭州市人民政府网站。

在长春，对于 2012 年大病患者（住院费用在 5000 以上），职工医保在省级、市级和区级医院的自付比例分别为 15%、12% 和 9%，城镇居民医保在省级、市级和区级医院的自付比例分别为 45%、35% 和 25%，新农合和城镇居民医保的保障水平相当（见表 4、表 5 和表 6）。

表 4　2012 年长春市城镇职工基本医疗保险保障水平

医疗机构级别	省级	市级	区级
起付线	1000 元	700 元	400 元
自付比例	15%	12%	9%
封顶线	9 万元		

表 5　2012 年长春市城镇居民基本医疗保险保障水平

医疗机构级别	省级	市级	区级
起付线	1200 元	800 元	600 元
起付线 ~ 5000 元	45%	35%	25%
5000 元 ~ 封顶线	40%	30%	20%
封顶线	6 万元		

表 6　2012 年长春市新型农村合作医疗保障水平（针对 23 类重大疾病住院）

医疗机构级别	乡（镇）卫生院	县级医疗机构	县以上机构
起付线	0 元		
自付比例	400 元及以下（60%）	500 元及以下（60%）	取消分段（40%）
	400 元以上（15%）	500 元以上（20%）	
封顶线	8 万元		

从上述比较可以看出，城乡居民医保的大病患者自付比例远远高出职工医保大病患者自付比例。作为基本医疗保险，城乡居民医保对于“保大病”的宗旨体现得不够。

政策制定者在出台《关于开展城乡居民大病保险工作的指导意见》时，没有沿用原有的政府部门经办基本医保格局，而是刻意把大病保险从城乡居民基本医保中剥离，重新赋予其补充医疗保险的属性[①]，无论是从我国新一轮医改的政策沿革还是从基本医疗保险的原理看，把大病保险与城乡居民基本医保分离，理由似不充分，因为我国城乡居民基本医保的政策导向本来就是保障大病。为了提高大病保障程度，可以很方便地采用提高城乡居民基本医保支付标准和扩大医保目录范围来实现。

理解上述分离，只能从政策制定者其他方面的政策导向来理解，

① 阎建军：《深化中国大病保险改革的路径选择》，《中国金融》2014 年第 24 期。

政策制定者的改革逻辑，不仅要提高大病保障程度，还要提高政府基本医保的经办效率，增强医疗保险对医疗服务的管控能力，规范医疗行为，减少过度医疗等不合理的医药费用支出。进一步转变政府职能，借助保险公司的专业能力和市场化机制，被决策者认为是提高政府基本医保经办效率的重要手段。对于现有的基本医保经办体制实行民营化改革，属于存量改革，无疑要遇到来自体制内部的较强阻力。但是，把大病保险定性为补充医保，就把存量改革转化为增量改革，减小了医保经办体制改革的阻力。

2. 大病保险与城乡居民基本医保分离后，能否实现控费目标？

六部委《关于开展城乡居民大病保险的指导意见》确定了大病保险民营化的目标，“保险公司要充分发挥医疗保险机制的作用，与卫生部门、人力资源社会保障部门密切配合，加强对相关医疗服务和医疗费用的监控”，要“与基本医疗保险协同推进支付方式改革，按照诊疗规范和临床路径，规范医疗行为，控制医疗费用”。但是在大病保险制度实施六年后，上述目标仍然难以落实。

保险公司管控不合理的医药费用有两个可能的方式，一是靠激励机制，诱导医疗机构约束不合理的医疗行为。二是靠行政支持，与政府医保部门一起建立管控医生诊疗行为的协作联动机制。需要讨论的是，在大病保险与城乡居民基本医保分离后，能够形成控费机制吗？

城乡居民大额医药费有两个来源，一是基本医保目录外的项目，二是在基本医保目录之内但是在支付标准之外的项目。具体来说，上述项目包括诊疗项目、药品项目和医疗服务设施项目。下面针对城乡居民大额医药费的两个来源，分别探讨在大病保险与城乡居民基本医保分离后，在大病保险民营化的制度框架下，控费机制能否形成？

第一，对于基本医保目录内的项目，在大病保险与城乡居民基本医保分离后，属于政府相关部门权限，保险公司作为大病保险经办管理机构，无权过问。

我们在2018年调研中发现，目录内的某些项目由于支付的封顶线较低，导致城乡居民大额医药费的发生，也导致一些城市大病保险出现了赤字。基本医保各个项目支付的封顶线，由政府医保部门负责，即使上述支付的封顶线不合理，由于大病保险与城乡居民基本医保分离，保险公司也无权过问。

大多数试点地区，由于大病保险与城乡居民基本医保分离，政府医保部门与保险公司衔接渠道不通畅，尚未建立监控医生诊疗行为的协作联动机制。各地的医保部门对保险公司使用相关信息数据采取抵触态度。对于目录内项目，由于保险公司不能有效接入社保系统和医疗系统，无法实时掌握相关诊疗数据，无权进行医疗巡查，游离于诊疗过程之外，只能依靠事后的报销审核，做的是出纳工作，难以对不合理医疗行为和费用进行过程监控，失去了作为专业化机构的作用。

第二，对于基本医保目录外的项目，保险公司作为大病保险经办管理机构，不能通过激励机制或者行政支持来管控不合理的医药费用。

目前，在我国大多数省（自治区、直辖市），基本医疗保险目录外的项目不纳入大病保险报销范围，也有一部分省（自治区、直辖市）突破了原有基本医疗目录范围，将保障扩展至目前报销目录之外。应当说，城乡居民患大病时，在治疗手段和用药种类上可能会突破政策规定的范围，这是客观存在的。为了避免绝大多数城乡居民发生家庭灾难性医疗支出的情况，对此处理的方式就是把目录外项目纳入合规化管理。

基本医保目录外项目是大病保险医药费的一个重要来源，其中包括临床治疗必需但效果不确定或者费用昂贵的诊疗项目（药品）。对于上述临床治疗必需的项目，应当由保险公司单独与医院谈判大病保险药品目录、诊疗项目目录和医疗服务设施项目范围以及支付标准等，从而把基本医保目录外项目纳入合规化管理。

遗憾的是，由于大病保险基金数额一般不超过三项基本医保基金[①]总和的5%，缺乏对医院利益的影响力，难以撼动医院利益，难以构建激励机制，保险公司缺乏谈判力，医院一般不愿意就基本医保目录外项目纳入合规化管理进行谈判。

在保险公司无力进行大病保险目录谈判和支付标准谈判的情况下，上述省（自治区、直辖市）是由政府基本医保部门渐进地扩大基本医疗目录范围，使得其更加契合实际，把实际发生、符合诊疗规范、治疗必需、合理的目录外诊疗项目纳入目录内管理范围。

在这种情况下，同样地，由于大病保险与城乡居民基本医保分离，政府医保部门以社会保险法（第81条）为由，不愿意与保险公司共享诊疗信息，在缺乏行政支持的情况下，保险公司无权对不合理医疗行为和费用进行过程监控。

综上所述，在大病保险与城乡居民基本医保分离后，保险公司虽然是大病保险经办方，但难以对医疗机构构建激励机制，也缺乏行政支持。这导致两方面的后果，一是保险公司对于导致居民大额医药费的诊疗项目（药品）等缺乏目录管理和支付标准管理的核心手段，二是游离于诊疗过程之外，对于不合理的医药费用难以进行管控。

大病保险采取民营化的经办方式，逻辑上的合理性在于帮助达成控费目标。但是，大病保险民营化带来了大病保险与城乡居民基本医保分离，导致控费机制无法构建。在现有的制度框架下，保险公司不应该单独为大病保险赤字问题承担责任，也无力独立控制大病保险经营亏损，影响了制度的可持续性。

---

① 包括职工医保、城镇居民医保和新农合。

（四）建议

1. 从四个方面完善大病保险微观运营机制层面

第一，建议完善关于风险调节机制的政策。在对等原则的基础上，进一步完善风险调节机制。一是盈余返还医保基金，但根据保险公司在控费和服务质量等方面的综合考评结果，增加一定的盈余奖励；二是在保证保险公司合理成本费用的基础上，政策性亏损全部由政府进行补贴，经营性亏损由保险公司承担。

第二，进一步完善大病保险与其他保障制度的功能定位。目前，约 2/3 的大病保险项目都包含扶贫责任，通过“三降一提高”向建档立卡贫困人群提供更高的医疗保障，但筹资并不足以支撑扶贫保障责任的增加。特别是部分地方政府，事先并不与承办保险公司协商测算，直接发文通知大病保险对贫困人群提高赔付标准，导致大病保险赔付超支造成政策性亏损。建议进一步完善大病保险与其他保障制度的功能定位，各自明确定位和筹资来源，共同发挥好医疗保障作用。如果确需通过大病保险向贫困人员倾斜，应在加入扶贫责任前征求保险公司意见，科学评估测算，设计收支平衡的保障方案，确保责任与筹资相匹配。

第三，建议研究解决不同会计核算方式造成的差异。目前，地方政府采用收付实现制与保险公司清算大病保险盈亏，按当年简单赔付率，并不考虑未决赔款。但保险公司财会制度实行权责发生制，如果发生结余返还，将导致保险公司大病保险经营亏损。基本医保制度的收付实现制与大病保险的权责发生制之间的差异，不利于保险公司与政府沟通和形成共识。建议在制度层面解决不同会计核算方式造成的差异，同时，鼓励大病保险拉长清算周期，以整个合作期（3 年）作为风险调节基准，鼓励保险公司以丰补歉，在整个合作期内实现收支平衡。

第四，建议建立大病保险招标与合同标准化管理机制。目前，大病保险主要以地市级统筹项目为主，各地政府的招标文件要素差异很大，不仅涉及保险责任方面的差异，更多的是具体细节要求。比如，招标中所需资质材料过于复杂，收取大额履约保证金或扣留较大比例的考核保费，分期保费不能保证及时到账，对清算后的协议仍要求理赔等。建议：一是政府制定相对统一的招标标准和制式合同，提高效率，在合同中明确保险公司承担未决赔款的方式、清算公式（考虑未决赔款）、理赔截止时点等内容；二是进一步明确大病保险协议清算的具体实施细则，同时组织行业力量对社保、医保数据进行经验分析，发布具有行业规范的赔付率数据，以加强准备金评估的准确性、科学性；三是明确保险合同返还利息的处理原则，若政府对此有特殊要求，应当在合同签订时予以约定，并在定价时考虑此因素，否则后期不应要求返还利息。

2. 在改革方向层面

对于我国有资格参加大病保险的城乡居民①，截至 2018 年底，城乡居民大病保险已经基本实现了全覆盖。考虑到我国面临医药费用增长带来的压力，下一步，大病保险制度改革的方向，在于构建大病保险控费机制。

鉴于城乡居民大额医药费来源于两方面，其既包括城乡居民基本医保的目录内项目，也包括目录外项目，从医保经办管理制度来说，把大病保险经办管理与城乡居民基本医保经办管理分离，是无法构建大病保险控费机制的。

因此，城乡居民大病保险经办管理制度的改革，只能立足于实现大病保险经办管理与城乡居民基本医保经办管理的一体化，鉴于城乡

① 企业职工、机关事业单位人员和军人不参加城乡居民大病保险，而是参加其类型的大病保险。

居民基本医保和城镇职工基本医保已经实现了经办管理的一体化，可能的方案有两个：一是大病保险和基本医保都采取民营化方式；二是放弃大病保险民营化，大病保险与基本医保都采取政府负责经办管理的方式。哪种方案可行，取决于能否更有效地构建大病保险及基本医保的控费机制。

方案一，大病保险和基本医保都采取民营化方式。

大病保险回归基本医保属性，大病保险与基本医保都采取公私合作制，“政府搭台，民间唱戏”，一方面，沿袭现有做法，政府搭建强制保险平台，实现基本医疗保障和大病保险的全覆盖；另一方面，在经办管理上由保险业承担，经办业务遵循保本微利或者非营利原则。

目前，大病保险基金本来就由基本医保基金当中划拨，在基金征缴方面沿袭现有制度即可。关键是在基本医疗保障和大病保障领域实现强制保险机制与市场竞争机制的有机结合。这方面，在进入21世纪后，德国、美国和英国相继进行了基本医保公私合作制改革，在基本医保领域，实现了强制保险机制与市场竞争机制的有机结合，有着较为成熟的经验可资借鉴，我们可以进一步加强研究和国际交流，提出中国方案。

在大病保险与基本医保都采取公私合作制的框架下，医保基金的经办管理由保险业承担，由民营保险机构作为医疗服务的购买方和主要支付方，负责和医院（医生）协商并签订医疗服务合同，以及监督医疗服务合同的执行。民营保险机构控制医药费用膨胀的内在机理包括两方面的因素：一是民营保险机构能够对医疗服务实施精细化管理，基本医保基金是我国二、三级医院的主要收入来源，民营保险机构作为基本医保和大病保险经办管理机构能够构建对医疗服务方的激励机制；二是民营保险机构可以组建医学专业人才团队，以减少与医疗供给者的信息不对称情况，作为“专业购买方”代表投保人（医疗消费者）就医疗服务和药品价格、付费方式及标准、加强健康管理和疾病预防等方面与医疗供给方谈判并签约，作为主要支付方监督医疗服务合同的实施。采取基本医保民营化方式实施控费，取得了令人信服的成效，国外有大量这方面的研究文献。

民营保险机构愿意对医疗服务实施管理，是因为对医疗服务的管理与民营保险机构的经营目标是激励兼容的。通过对医疗服务实施精细化的管理，帮助投保人减少不必要的医疗支出，除了抑制基本医保成本膨胀之外，也可以降低民营保险机构补充医保业务的理赔成本，实现双赢。

方案二，放弃大病保险民营化，大病保险与基本医保都采取政府负责经办管理的方式。

这是一种把行政力量和购买方结合在一起，对医疗供给方加以约束和监督的方案。能够有效控制医药费用膨胀的前提是，政府医保部门能够对医疗服务实施精细化管理。

但是，政府医保部门对医疗服务实施精细化管理难以成功实施，因为面临着三个难以解决的难题。一是激励不兼容。医疗经办管理工作繁重琐碎并且专业性强，在政府部门熬资历或论资排辈的公务员薪酬体系，以及难以裁员或增员的定岗定编用人机制下，干多干少一个样，很难找到愿意认真承担这些繁重工作的人员，也很难采取市场化的薪酬机制吸引医学专业人才。二是难以对政府医保机构的运营管理效果进行考核，难以形成有效的行政问责机制。医药费用膨胀往往是多种因素所致，政府医保机构可以将医药费用膨胀归咎于人口老龄化、国民收入提高、医疗技术进步创造出对医疗服务的新需求、不健康生活人群比例提高等外在因素，而非自己对医疗机构监控不力，上级部门难以对政府保险机构进行目标管理和绩效考核。三是对患者需求变动的反应不灵敏。政府保险机构很难将大量患者的意见纳入决策体系中，政府保险机构确定的诊疗目录直接影响甚至决定患者的医疗需求，然而，患者的医疗需求往往直接涉及其个人主观的价值判断，涉及物质利益与个人生命健康的个性化选择，比如一种新型疗法可以减轻病人的注射疼痛，另一种新型疗法可以让患者在家里辅助治疗以减少去医院的次数，对于这些新型疗法的性价比，除了涉及个人主观判断之外，还涉及默会知识（tacit knowledge），即患者难以言传的知识。政府部门习惯于统计数据的汇总和对诊疗目录进行简单的统一的增减，上述工作方式难以及时了解各类患者分散化的医疗需求信息，也难以及时更新诊疗目录。

二　个人税优健康保险发展回顾与再认识

（一）个人税优健康保险缘起与制度概况

2014 年 11 月，国务院办公厅发布《关于加快发展商业健康保险的若干意见》，将加快发展商业健康保险纳入深化医药卫生体制改革和促进健康服务业发展的总体部署，提出要完善财政税收等支持政策，落实和完善企业为职工支付的补充医疗保险费有关企业所得税政策。

2015 年 7 月，财政部、国家税务总局、保监会等部委联合下发《关于开展商业健康保险个人所得税政策试点工作的通知》，作为配套政策，中国保监会下发了《个人税收优惠型健康保险业务管理暂行办法》[①]。

2016 年，商业健康保险个人所得税政策试点开始实施，31 个城市开始试点，30 家保险公司获准开展业务。

① 冯鹏程：《我国个人税优健康险试点实施及完善政策的探讨》，《中国医疗保险》2017 年第 6 期。

2017 年 4 月，商业健康保险个人所得税政策获准在全国范围推广。

商业健康保险个人所得税政策的制度框架主要包括以下三个方面。

第一，税优对象。包括工薪阶层和个人经营者。企事业单位可以统一组织并为员工购买符合规定的商业健康保险产品，视同员工个人购买。

第二，税优额度。目前我国个税起征点为 5000 元（扣除“三险一金”后的收入，新的专项附加扣除生效后，还增加了子女教育、继续教育、大病医疗、住房贷款利息、住房租金、赡养老人等）。对试点地区个人购买税优健康险产品，允许在当年（月）计算应纳税所得额时予以税前扣除，扣除限额为 2400 元/年（200 元/月）。

第三，对个人税优健康保险产品制定了一系列创新型规定。一是允许带病投保，并保证续保；二是采取万能险方式，包含医疗保险和个人账户积累两项责任。医疗保险用于补偿基本医保等报销后个人负担的医疗费用。个人账户积累仅可用于退休后购买商业健康保险和个人自负医疗费用支出[①]。三是要求合理定价、保本微利。保险公司个人税优健康保险业务当中的医疗保险简单赔付率不得低于 80%。医疗保险简单赔付率低于 80% 的，差额部分返还到所有被保险人的个人账户[②]。

（二）现状与问题

1. 个人税优健康保险现状

从 2016 年开始试点，截至 2018 年底，保险行业共 24 家保险公司开展个人税优健康保险业务并出单，累计承保税优健康保险 31.95

① 《财政部国家税务总局保监会关于开展商业健康保险个人所得税政策试点工作的通知》，国家税务总局网站，www. chinatax. gov. cn/n810341/n810755/c1614001/content. html。

② 《财政部国家税务总局保监会关于开展商业健康保险个人所得税政策试点工作的通知》，国家税务总局网站，www. chinatax. gov. cn/n810341/n810755/c1614001/content. html。

万件，累计实收保费9.44亿元。中国太平洋人寿保险股份有限公司、中国人寿保险股份有限公司、中国人民健康保险股份有限公司累计承保保单件数行业排名前三位（2018年个人税优健康保险前20家公司经营情况参见表7）。

2018年当年累计生效保单282711件（含续保，其中本年新均有效保单138541件），实收保费4.98亿元。31个省份均已覆盖，江苏、上海等地销量较大，销售超过1万件。从销售方式看，通过团体客户进行销售的占80%以上，其他销售方式较少；从个税征收看，单位代扣代缴占93%，自行申报（适合自由职业者）占比7%。

在个人税优健康保险三款示范条款当中，保障程度高的示范条款A[①]产品销售量占绝大多数（占比97.5%以上）。

表7　2018年个人税优健康保险前20家公司经营情况

序号	保险公司	本年累计有效保单件数（件）	本年累计有效保单保费（万元）	本年累计有效保单年化保费(万元)	本年累计有效保单件均年化保费（元）
1	中国太平洋人寿保险股份有限公司	90904	16555.48	20964.24	2306.20
2	中国人寿保险股份有限公司	79626	7565.34	8535.53	1071.95
3	东吴人寿保险股份有限公司	18032	3471.39	3355.71	1860.97
4	中国人民健康保险股份有限公司	17298	12405.66	12708.84	7347.00
5	建信人寿保险股份有限公司	13958	1926.53	2288.95	1639.89
6	阳光人寿保险股份有限公司	13589	1965.52	2534.20	1864.89
7	太平人寿保险有限公司	12078	1438.75	1438.99	1191.42
8	泰康养老保险股份有限公司	8482	744.23	744.23	877.43

① 示范条款A适用于对公费医疗或基本医疗保险报销后个人负担的医疗费用有报销意愿的人群。

续表

序号	保险公司	本年累计有效保单件数（件）	本年累计有效保单保费（万元）	本年累计有效保单年化保费（万元）	本年累计有效保单件均年化保费（元）
9	中国人民人寿保险股份有限公司	6148	793.06	812.68	1321.87
10	中国平安人寿保险股份有限公司	4301	358.72	473.37	1100.60
11	新华人寿保险股份有限公司	4247	756.07	814.15	1917.01
12	太平养老保险股份有限公司	4198	174.91	327.71	780.65
13	光大永明人寿保险有限公司	2213	447.12	512.21	2314.56
14	中英人寿保险有限公司	2147	420.99	360.56	1679.36
15	利安人寿保险股份有限公司	2061	288.15	350.35	1699.92
16	幸福人寿保险股份有限公司	1969	155.10	155.10	787.71
17	国华人寿保险股份有限公司	454	108.96	108.96	2400.00
18	中意人寿保险有限公司	402	87.32	90.98	2263.22
19	民生人寿保险股份有限公司	387	89.06	89.06	2301.32
20	平安养老保险股份有限公司	202	20.05	37.82	1872.15

资料来源：根据中国保险行业协会公开数据和同业交流数据整理。

2. 目前个人税优健康保险存在的主要问题

近三年来，虽然政府有关部门大力推动个人税优健康保险业务发展，但是从市场反馈及业务发展成效来看，与预期还有较大差距，在推动个人税优健康保险试点政策落地过程中，客户及基层销售队伍对税优健康保险产品的认可度不高。

从三年来的实践看，全行业个人税优健康保险业务发展并不理想，通过税收政策支持加快发展商业健康保险的初衷并未实现，主要体现在以下几个方面。

（1）同类产品竞争激烈，个人税优健康保险市场空间越来越小。作为一项政策性商业健康保险业务，税优健康险兼具税收减免和保险保障功能，是针对纳税人的国家政策福利。但是，与市场上众多的“百万保额医疗保险”类的健康保险产品相比，税优健康保险对健康人群的吸引力却并不大。一是保障程度方面，税优健康保险与“百万保额医疗保险”的保障责任类似，均涵盖社保目录内和社保目录外的医疗费用，但“百万保额医疗保险”的保障额度往往更高。二是产品价格方面，与只允许健康体投保的“百万保额医疗保险”产品相比，税优健康保险因允许带病体投保而价格相对较高，且按照目前监管精神，税优健康保险个人年缴类健康保险不得低于2400元，给投保人的直观感受更是明显高于平均类健康保险不足千元的“百万保额医疗保险”产品，对于健康人群来讲，税优健康保险吸引力不足。三是产品费用政策方面，个人税优健康保险产品因有80%差额返还的约定，保险公司营销费用空间已被限制在20%以内，难以有更多营销费用推动业务发展，而“百万保额医疗保险”产品往往拥有更大的费用空间。四是税收优惠方面，虽然个人税优健康保险具有抵扣个人所得税的优势，但是因抵税额度较低，减免的个人所得税并不足以弥补产品价格之间的差异，与已经出台的个人所得税抵扣项目相比，税优健康保险的抵扣额度较小，税优健康保险每年最高2400元的税前抵扣额度对纳税人群吸引力并不大。[①] 随着个人所得税起征点由每月3500元上调至每月5000元，增加子女教育、继续教育、大病医疗、住房贷款利息和住房租金、赡养老人六项专项附加扣除等个税改革政策的实施，应缴纳个人所得税人群范围将会大大缩小，税优健康保险政策覆盖的人群范围相应也会缩减，且绝大部分纳税人每年最高可享受的税收优惠额度也会

① 付秋实：《全国政协委员王滨：要让税优健康保险“叫好又叫座”》，《金融时报》2019年3月4日。

相应有所下降。

综上，“百万保额医疗保险”产品与个人税优健康保险产品的目标客户群体有较大重叠，但“百万保额医疗保险”产品对健康人群吸引力更大，而税优健康保险则对既往症人群更具有吸引力，长此以往，税优健康保险将难以持续健康发展。

（2）相关细化配套政策不明确，部分产品福利难落实。一是税优政策执行流程不畅，个人退税难以实现。目前，税务机构没有个人购买税优健康保险后的退税操作细则，只支持单位代扣代缴，个人投保后退税流程尚不明确，导致被保险人无法及时享受“免税”福利，增加了纳税人投保的观望情绪。二是万能账户使用细则不明确。按照规定，万能账户的使用范围为“用于被保险人退休后购买商业健康保险和个人自负医疗费用支出”，但是能够对接退休人群的保险产品较少，特别是符合万能账户设置初衷，用来提高退休人群保障水平，解决大额医疗费用支出的保险产品更少，使用万能账户支付医疗费用的支付途径及便捷性也不明确，导致投保人对万能账户设置的合理性并不认可。同时，因为有万能账户的设置，按照目前万能险产品相关规定，税优健康保险需要进行电话回访，也为保险公司运营成本带来一定压力。

（3）风险管控较为复杂，持续健康经营压力较大。作为允许带病投保且保证续保的全新险种，与目前市场上的其他医疗保险产品相比，个人税优健康保险有其特殊性。从目前市场情况看，保险公司尚未形成与医疗机构的风险共担、利益共享的联动机制，公司风险管控措施、人才储备、服务体系、信息系统的专业化能力仍有待加强。在健康人群逐渐被市场“百万医疗”类健康保险产品吸引走的情况下，既往症人群将逐渐成为税优健康保险的主要购买人群，已经承保的健康人群也会逐渐转移至其他产品，长此以往，个人税优健康保险持续发展的压力将会越来越大。

（三）对问题的进一步认识

个人税优健康保险制度要求经办此类业务的保险公司允许既往症投保、保证续保、简单赔付率不得低于80%，上述政策要求，都属于“强制保险”的范畴。

1. 实施强制保险需要一定的条件，目前的制度安排不具备这样的条件，这使得强制保险制度不具备可行性

第一，强制投保不可或缺。目前的强制保险制度安排缺乏强制投保这个环节，制度内含较大的逆向选择风险。由于价格较高，健康状况较好的投保人对其认可度低。健康保险本质上是健康人群帮助非健康人群，健康人群不参加，健康保险的基础不存在。另外，对于保险公司来说，个人税优健康保险业务的成本高且利润低，缺乏开展税优业务的积极性。

第二，风险平衡机制是强制保险的财务基础。按照强制保险制度的要求，健康人群和既往症都必须参保；同时，禁止保险公司基于健康状况，将既往症排除在保障范围以外；无论投保人健康状况如何，保险公司应当以相同的保险费率为投保人提供保单。

然而，在竞争机制下，民营保险机构的理性选择是“撇奶油”，原因在于投保人群中健康风险的不对称性。图1表明，如果对美国总人口按照每年医药费用高低进行分类，人群医药费用分布特点是：前1%的人口消耗了总人口医药费用的21.8%，前20%的人口消耗了总人口医药费用的81.2%。另外50%的人口，几乎没有任何的医药费用支出，其花费仅占总人口医药费用支出的2.9%。投保人群中健康风险的不对称性，对民营保险机构的理性经营行为产生较大影响。例如，倾向于把保险卖给低风险人群，而拒绝承保那些高风险人群。虽然可以立法禁止保险公司进行风险选择，但是法律的干预会带来不公平竞争问题：一是某些保险公司因为偶然性或者地域等原因吸收了较

高比例的健康状况不佳的参保人，这将会使它们退出市场；二是促使保险公司用更加隐蔽或是间接的手段来规避风险，例如进行选择性销售，或者构建自己的医疗服务提供者网络以排除那些高风险投保人所偏好的医生和医院（Kaiser Family Foundation，2012）。

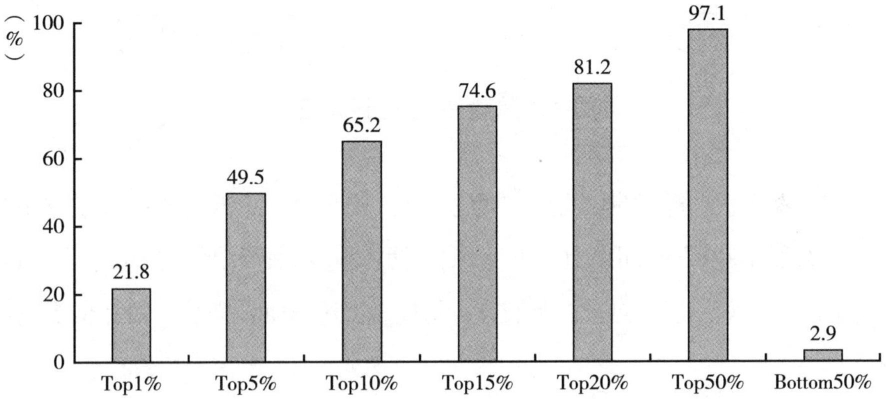

图 1　2009 年美国人口中的医药费用分布

注：Top1% 是指把美国人口按医药费用数额从高至低排列，位于前 1% 的人口。余同。Bottom 则指位于后 50% 的人口。

资料来源：Kaiser Family Foundation（2012）。

按照强制保险的公益原则，强制要求保险公司对投保人实行社群保费；按照竞争原则，又使得风险保费成为必要。构建风险平衡机制，化解上述矛盾的基本思路是：对投保人执行征收以社会互助方式计算的社群保费，汇聚为中央基金，由中央基金转化为与风险等价的保费，对各商业保险机构进行转移支付（欧伯恩德，2007）（见图 2）。

风险平衡机制得以成功实施的关键：一是准确评估参保人群的健康风险，按照风险特征对参保人群进行分组；二是确保保险公司从中央基金获得风险保费，因为风险保费反映了该保险机构参保人群的风险特征。

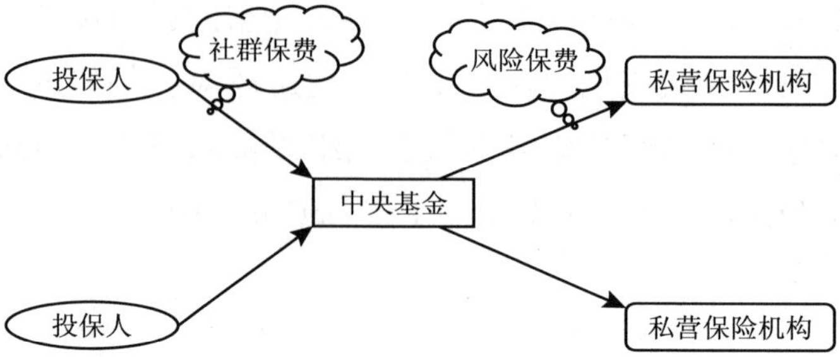

图 2　风险平衡机制原理

如果风险平衡机制得以成功实施，那么从民营保险机构的角度看，在社群保费的情形下的恶性风险就不再称其为恶性风险，民营保险机构“撇奶油”或选择良性风险的激励将消失（欧伯恩德，2007）。

在美国、德国、荷兰、瑞士等国与强制保险有关的现行医改法案中，无一例外地引入了风险平衡机制。不过，这些国家的强制保险针对的全民基本医保，基本医保由保险公司或民间社团负责经办管理，并允许参保人自由选择保险公司或民间社团。

需要进一步讨论的是，我国个人税优健康保险用于补偿基本医保等报销后个人负担的医疗费用，属于“补充医保”的范畴，从国际经验看，补充医保采用强制保险方式没有先例，所以，需要进一步澄清的是，个人税优健康保险作为补充医保，是否应当采用强制保险方式。

2. 强制保险适用于全民基本医保制度安排，借助强制保险，主要是为了实现基本医疗保障全覆盖

（1）自愿私营健康保险无法实现基本医疗保障的全民覆盖。传统自愿私营健康保险与基本医疗保障全覆盖的矛盾，体现在以下三个方面[①]。

① 阎建军：《国际基本医疗保障制度改革趋同：对“第三条道路”的解析》，《金融评论》2013 年第 3 期。

一是撇油效应。撇油效应是指保险公司挑选健康人群作为目标客户，健康人群作为参保人，他们的医药费用一般低于自己的风险保费。同时，保险公司拒绝对带病人群承保，因为带病人群的医药费用要高于保险公司赋予他们的风险保费。如果保险公司可以识别并避开那些低于标准健康水平的投保人，它们就可以借此提高自己客户的平均健康水平从而降低赔付成本。结果是，撇油效应导致带病人群保费提高和保障程度降低，甚至被歧视（Enthoven. A. C，1988）。

二是保障中断。除非有法律强行规定，保险公司一般会在合同期满之后，不再与带病人群续签保单，导致带病人群的医疗保障中断。另外，当带病人群已经和一家保险公司签订了可终身续保合同之后，即使对现有的保险人不满，也无法再去选择其他保险公司，通常会被他们拒保。

三是免费搭车。如果允许带病投保，又会带来“搭便车”问题，健康人群当中的一部分消费者在身体健康时不参加保险，直到生病以后才参保。这将导致保险机制赖以生存的大数法则机制遭到破坏，无法在健康人群和带病人群之间分散医药费用。

（2）强制保险是基本医疗保障全覆盖的基础。强制保险又称为法定保险，是指依据法律、行政法规规定，特定的义务主体必须投保某种险种，特定的义务主体必须开办相应的险种业务的一种法律制度（杨华柏，2006）。

强制健康保险（mandatory health insurance）是以构建全覆盖医疗保障安全网为目标，建立在社会互助的基础上，而非以精算为原则（索特曼等，2009）。社会互助是强制健康保险的核心原则。社会互助既是投保人之间的互惠，更有政府给予老弱病残群体的不对称救助。

强制保险本质上具有收入再分配的性质，通过事前“我为人人，人人为我”的强制性互助制度安排，有助于事后的“健康者帮助病患者，富裕者帮助贫困者，青壮者帮助老弱者，幸运者帮助不幸者”，减少因病返贫致贫。强制保险区别于基于自愿原则的私营保险，后者是在精算基础上维护个人利益的一种手段，按照精算原则，慢性病人等已患病者或者被拒保，或者被收取高昂的风险保费。

与自愿保险相比，强制保险具有许多不同之处（杨华柏，2006；孙宏涛，2009），主要体现在以下四个方面。

一是合同订立上的强制性，保险机构和个人订立合同不再是当事人的自主行为，体现在以下两个方面：①强制投保。美国、德国、荷兰和瑞士等国，都要求公民必须参加基本健康保险，否则将依法受到处罚。比如，奥巴马医改法案要求符合条件的每一名美国公民必须投保，拥有50个以上全职员工的雇主必须为其雇员购买团体保险，否则将面临罚款。②强制承保。比如，美国、德国、荷兰和瑞士等国现行医改法案均规定，保险机构不能以年龄、健康原因拒绝任何参保人。

二是公益性。政府在基本医疗保障领域推行强制保险合同，原因之一是为了克服自愿性私营保险的撇油效应、免费搭车、保障中断等弊端，扩大医疗保障覆盖面，实现“病有所医”的公平梦想。

三是非营利性。推行强制健康保险的主要目的是将强制保险与私营保险相结合，以私营保险为运营载体推行全民强制健康保险，以此扩大医疗保障覆盖面。正是基于此种考虑，美国、德国、荷兰和瑞士等国通常是按照不盈不亏或者保本微利的原则来确定强制健康保险的费率。

四是主要受公法调整。自愿保险合同的订立实行契约自由原则，属于私法领域。但是，强制保险合同应受到公法的调整，通过对健康保险合同订立上的强制，更多地体现了在应对个人健康风险的社会化时，国家对社会公众利益的保护。

3. 商业健康保险的定位不是为了实现医疗保障全覆盖，只是补充性质

《国务院办公厅关于加快发展商业健康保险的若干意见》（国办发〔2014〕50号）指出：“大力发展与基本医疗保险有机衔接的商业健康保险。鼓励企业和个人通过参加商业保险及多种形式的补充保险解决基本医保之外的需求。”基本医保之外的需求种类较为复杂，既包括基本医保目录外的、治疗所必需但效果不确定的诊疗项目（包括药品），比如进口药、新型疗法和刚上市不久的创新药；又包括基本医保目录内的、封顶线之上需要自付的部分；还有一些不是治疗必需的项目，比如个性化的价格昂贵的高端医疗项目——高级病房、特需门诊等。患者基本医保之外的需求是否应当鼓励不可一概而论，更不应该要求保险公司必须为之提供补充医疗保险。

另外，对于基本医保目录内的、封顶线之上需要自付的部分，目前，无论是政府基本医保机构还是商业保险机构都缺乏控制不合理医疗的手段，各地主要的医疗机构通常不会与商业保险机构配合，更谈不上商业保险机构通过医疗巡查、驻点驻院、抽查病历等方式对医疗行为进行监督管理。补充医疗保险项目客观上面临着难以控制的不合理医疗的风险，要求保险公司必须为之提供补充医疗保险，如果出现亏损由谁来承担？

对于补充医疗保险，虽然有不少发达国家给予税收优惠支持，但上述国家没有采取强制保险的先例。

（四）建议

1. 完善税收政策

进一步加大税收优惠力度，完善个人退税规则和操作流程。一是根据经济发展水平和医疗费用上涨情况，参照一定标准，定期调整税优健康保险税前抵扣额度，或将购买税优健康保险的支出一次性进行

税前抵扣[①]，加大税优健康保险政策的税收优惠力度，增强个人税优健康保险政策的吸引力。二是明确出台个人单独申报税收优惠、退税补税等具体操作规范，理顺个人客户退税流程，使惠民政策落到实处。三是允许企业为员工出资购买税优健康保险，并明确费用列支科目，解除企业出资顾虑，满足企业提升员工福利的需求，扩大税优健康保险覆盖面。四是建议制定以家庭为单位健康险税前列支政策。充分利用此次个人综合所得税改革契机，扩大投保的范围，允许投保人为未成年子女、配偶等直系亲属投保。

2. 完善《个人税收优惠型健康保险业务管理暂行办法》

建议进一步完善《个人税收优惠型健康保险业务管理暂行办法》的实务规定。一是适当优化示范条款内容，取消既往症可投保、80%差额返还等限制，促进税优健康保险业务健康、可持续发展。二是放宽个人账户的使用限制，允许在退休前使用个人账户购买符合条件的健康保险产品和服务；允许使用万能账户资金抵缴保费，提高投保人的参保积极性，鼓励中青年群体投保税优健康保险。三是对于与税优健康保险产品相衔接且使用税优健康保险万能账户资金购买的专属保险产品给予适当的政策支持。比如，取消年销售保单数量或达到保费规模的限制、减免保险保障基金等，从而进一步提升税优健康保险产品吸引力。

3. 加强部门之间的沟通协调

建议银保监会加强与税务机关的沟通协调。一是尽快打通税务与保险系统的对接，实现扣缴环节的流程简化和互联互通。税务机关向中国保险信息技术管理有限责任公司商业健康保险信息平台开放纳税信息查询权限，允许保险公司接入税务机关个人所得税管理系统，实

① 付秋实：《全国政协委员王滨：要让税优健康保险“叫好又叫座”》，《金融时报》2019 年 3 月 4 日。

现参保人通过手机 App 线上完成个人税优健康险的投保、续保和抵税事宜。

4. 行业统一建立税收优惠型补充医疗保险理赔目录

目前，各公司自行制定基本医保目录外税优健康险赔付目录，部分公司采取“正面清单”（即明确可以报销的基本医保之外的目录），部分采取“负面清单”（即明确不可以报销的基本医保之外的目录），使各公司的基本医保目录外保障难以比较，增加了保险消费者的信息不对称。

建议由行业社团组织统一制定税收优惠型补充医疗保险理赔目录，可以采取“正面清单”方式，允许各公司在此基础上增加报销项目。行业统一建立税收优惠型补充医疗保险理赔目录，有两方面的作用：一是有利于规范市场秩序，提高产品的标准化程度和透明度，保证消费者利益，促进市场健康持续发展。二是采用市场化机制及时把进口药、新型疗法和刚上市不久的创新药纳入规范化管理，促进医疗服务业和制药业创新和产业升级，打造强大的健康产业。三是为患者提供更好的医疗保障，更好地发挥商业保险在多层次、多样化医疗保障体系中的作用。

B.3
世界500强健康保险集团发展回顾（2018）

陈 楠 施毓凤*

摘 要： 2018年，五家美国健康险集团进入《财富》世界500强，这有两方面的背景，一是美国医药费用膨胀，二是美国基本医保公私合作制改革。本报告认为美国健康保险集团在医疗服务体系中承担三大功能，实现了功能扩展，是做大做强的关键和体现。在大型健康保险集团保费收入构成中，经办政府医保业务保费收入占据较大份额，为其在医疗服务体系中承担重要功能提供了支持。另外，规模经济效应也是健康保险集团进入世界500强的原因。

关键词： 世界500强 健康保险集团 医疗服务体系

一 总体情况

根据2018年7月发布的《财富》世界500强排名，美国有五家以健康保险为主要业务的保险公司进入了世界500强，其中，美国联

* 陈楠，天安人寿保险股份有限公司精算部高级经理，精算师，研究方向为健康保险；施毓凤，上海健康医学院护理与健康管理学院健康管理教研室主任，副教授，研究方向为健康保险与医疗保障。

合健康集团以2011.59亿美元总收入居《财富》世界500强第15位，美国安森保险集团以900.39亿美元总收入居《财富》世界500强第70位（见表1）。[①]

表1 《财富》世界500强中的美国健康保险集团

单位：亿美元

公司名称	中文名称	排名（2014年）	2013年营业收入	排名（2016年）	2015年营业收入	排名（2018年）	2017年营业收入
UNITEDHEALTH GROUP	联合健康集团	39	1224.89	17	1571.07	15	2011.59
ANTHEM	安森保险	120	710.25	85	791.57	70	900.39
AETNA	安泰保险	223	472.95	142	603.37	154	605.35
HUMANA	恒诺	266	413.13	162	542.89	183	537.67
CIGNA	信诺	371	323.8	264	378.76	263	416.16

资料来源：《财富》世界500强数据库。

2018年，五家美国健康险集团进入《财富》世界500强，有两方面的背景，一是美国医药费用膨胀，二是美国基本医保公私合作制改革。

（一）美国医药费用膨胀

1960年，美国医药总费用占GDP的比重为5%，1970年上升为6.9%，1980年上升为8.9%，1990年进一步上升为12.1%，2000年上升为13.3%，2010年上升为17.4%，到2017年上升为17.9%。平均来说，从1960年至2010年，美国医药总费用占GDP的比重每10年上升2个百分点以上（见图1）。

① 本文数据主要来源：截至2018年4月31日的五家上市健康保险集团年报；2018年6月公布的世界财富500强排名。

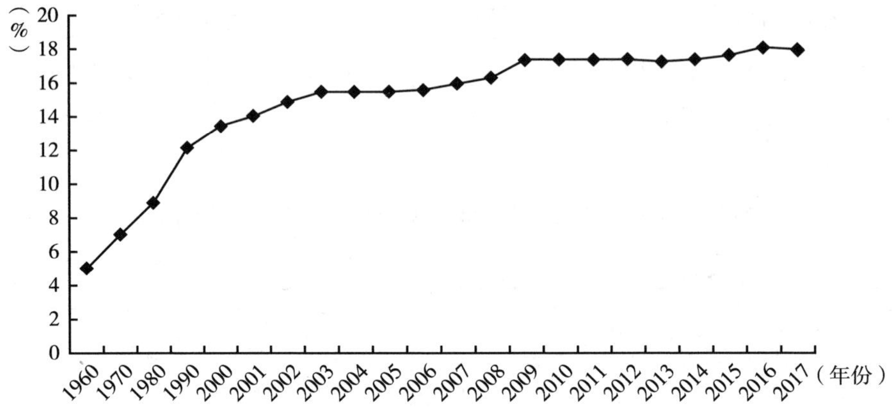

图1　美国医药总支出占 GDP 的比例

资料来源：Centers for Medicare & Medicaid Services, Office of the Actuary, National Health Statistics Group (2018).

2017 年，美国医药费用高达 34921 亿美元，1960 年则为 272 亿美元（见图 2）；2017 年，美国人均医药费用高达 10744.92 美元[①]，1960 年则为 146.2 美元（见图 3）。

关于美国医药费用长期不断膨胀的趋势，Kaiser Family Foundation（恺撒家族基金会）（2012b）指出有以下几个方面的原因：一是美国医疗技术不断创新，新技术对于美国医药费用的实际长期增长具有一半以上的解释力。二是美国人口老龄化以及疾病谱的变化，尤其是糖尿病、哮喘和心脏病等慢性病的蔓延。三是美国患者自付率的下降，从 1970 年至 2010 年，在美国医药总费用中，患者自付率从 40% 下降到 14%。较低的自付率鼓励患者使用更多的医疗服务。四是医疗保健体系不必要的支出，诸如过度医疗、医疗服务提供者之间缺乏协调或整合等。Jesse W. Bradford 等（2011）指

① Centers for Medicare & Medicaid Services, Office of the Actuary, National Health Statistics Group. (2018).

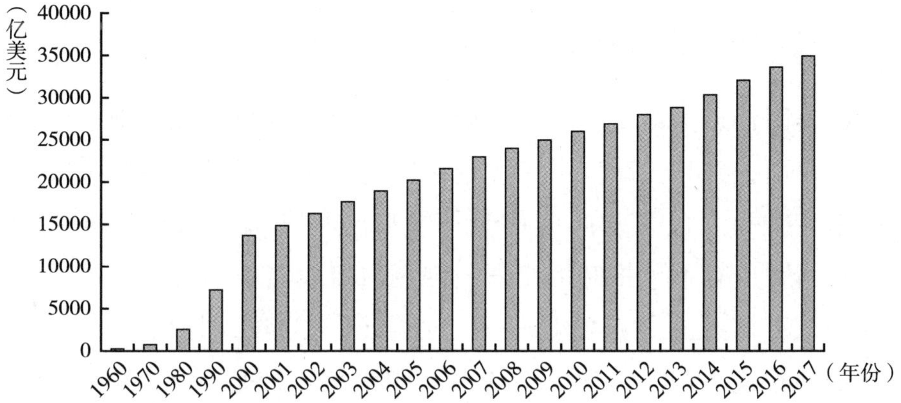

图2　美国医药总支出

资料来源：Centers for Medicare & Medicaid Services，Office of the Actuary，National Health Statistics Group（2018）.

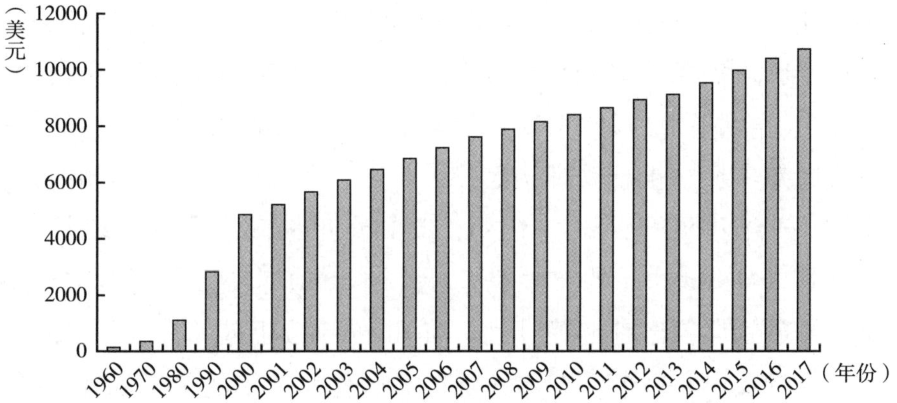

图3　美国人均医药费用

资料来源：Centers for Medicare & Medicaid Services，Office of the Actuary，National Health Statistics Group（2018）.

出，20世纪90年代末期以来，美国医药费用的过快增长，源于部分消费者对HMO等严格型管理型医疗的激烈反对，导致管理型医疗转向宽松。

（二）美国推行基本医保公私合作制改革

在美国百年医改史当中，一般来说，民主党政府致力于扩大医疗保障覆盖面，共和党政府致力于控制医药费用膨胀以及提高医疗质量（丁纯，2009）。民主党政府信奉补缺型的福利国家思想，强调政府对社会问题负有不可推卸的责任，强调政府应当救助弱势群体。共和党政府信奉自由主义保障观——“管得最少的政府是最好的政府”，青睐自助和独立奋斗精神，不认同“健康是一种基本人权”，而认为健康应是归个人享用的特权，没有购买健康保险的人主要源于经济贫困，这与个人自我奋斗失败有关。

20 世纪 60 年代，民主党约翰逊总统为了“伟大社会”的梦想，推行政府主办的联邦医疗照顾计划（Medicare）和州医疗救助计划（Medicaid），补缺型的福利国家理念得以成功推行。但福利国家的实施刺激了医疗需求，导致医药费用快速增长。70 年代初，共和党尼克松政府上台，国会颁布 HMO 法案，引入和培育市场竞争力量，打造三边医疗市场，推行管理型医疗。其后，联邦医疗照顾计划的公私合作制改革渐进展开。80 年代初，共和党里根政府推动了联邦医疗照顾计划（Medicare）的有限民营化。进入 21 世纪，共和党布什政府进一步鼓励联邦医疗照顾计划（Medicare）的民营化。

民主党奥巴马政府是基本医保公私合作制改革的集大成者，既延续了民主党近 40 年的努力，推行强制保险，完成了医疗保障的强制全覆盖，把以中低收入阶层为主的 4000 多万没有医疗保障的国民纳入了社会安全网，又确认了由健康保险业全面承接基本医保运营，设立健康保险交易所，完善为个人和小型雇主提供基本医保计划的市场机制。

共和党特朗普政府通过税改事实上废除了全民医保；但是，对于政府主办的联邦医疗照顾计划（Medicare）和州医疗救助计划

（Medicaid），继续坚持了公私合作制，由健康保险业全面承接政府基本医保运营。

在美国医药费用膨胀和基本医保公私合作制改革的背景下，美国健康保险业在医疗服务体系中承担三大功能，实现了功能扩展；美国健康保险业全面承接基本医保民营化，实现了规模扩展。功能扩展和规模扩展带来了健康保险业大发展，其中，主要公司致力于获得规模经济效应，出现财富500强企业是不足为奇的。

二　在医疗服务体系中的功能

通过功能创新，健康保险集团在构建美国现代医疗服务体系中发挥了三方面的重要作用（见图4）。

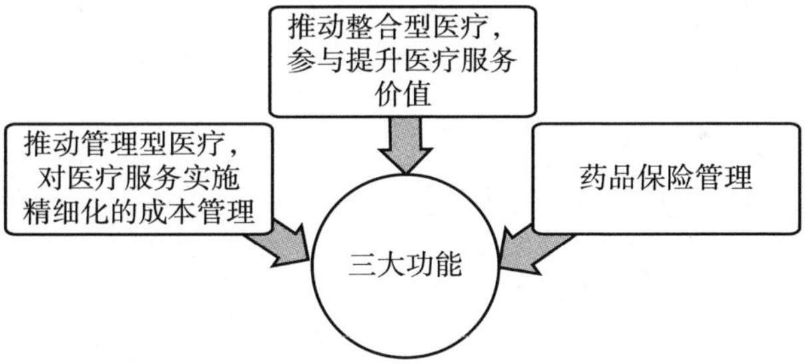

图4　健康保险集团在现代医疗服务体系中的功能

（一）推动管理型医疗，对医疗服务实施精细化的成本管理

1. 引入医疗服务的团购机制

健康保险集团通常设有专业化的健康保险公司，大型健康保险公司通过保费优惠和降低自付比例等方式，引导投保人选择定点医疗网络。在汇聚了大量投保人之后，作为医疗服务的团购组织者，大型健康保险公司就有了医疗市场的影响力（Market Power），医生或医院

加入了它的定点网络，相对于其他医生或医院就有了市场优势。团购机制增强了大型健康保险公司与医疗供给方的谈判能力。医生或医院想加入定点医疗网络，必须和健康保险公司签订协议，主要包括医疗费用支付条款、诊疗标准、医疗服务使用审查条款等。

团购机制的签约方式通常有三种：一是与集团内部和外部的医疗保健机构直接签订合同。二是与第三方管理机构（TPA）签订合同，以便获得 TPA 机构的医疗服务网络和医疗管理服务。三是与区域性管理型医疗组织建立战略联盟，以获得医疗服务网络和折扣。例如，信诺保险公司与塔夫斯健康保险计划、健康合作伙伴公司、健康联盟保险计划和 MVP 健康保险计划等建立了战略联盟。

依托团购机制，大型健康保险公司能够构建大规模的定点医疗保健服务网络。例如，截至 2017 年底，联合健康保险公司的定点医疗保健服务网络覆盖了全美各州，包含了大约 120 万名医务人员以及大约 6500 家医疗机构。

2. 提供多层次的管理型医疗产品

大型健康保险公司在美国市场的管理型医疗计划包括 HMO、PPO、POS、HDHP/SO 等多种形式。

健康维护组织（HMO）计划，一般只允许投保人使用网络内的医疗服务提供者，全科医生担当“守门人”，“守门人”能够帮助参保人降低医疗费用支出。

优先医疗服务提供者组织（PPO）计划，病人如果使用定点网络内的医生服务，可以获得较低的自付比例以及较低的起付线。允许病人去网络外的医疗机构看病，但是自付比例和挂号费要高于网络内的医疗机构。PPO 每月的保费也要比 HMO 贵一倍左右。PPO 不为投保人设定“守门人”，但为每位投保人指定一名全科医生。

服务点计划组织（POS）计划结合了 HMO 和 PPO 的一些特点，减轻了某些 HMO 的控制手段，也降低了 PPO 保费和自付比例。指定全科医生担任“守门人”，允许使用该组织外的门诊医疗服务，但是自付的比例较高。

消费者驱动型（Consumer Driven Products）产品，包括健康偿付账户（HRA）、健康储蓄账户（HSA）和灵活支出账户（FSA）。这些产品旨在鼓励参保人在理解和管理其健康和相关费用方面发挥积极作用。参保人可以使用这些税收优惠账户来支付符合条件的医疗保健费用和其他获准的服务。在大多数情况下，这些产品是与高免赔额医疗计划（High-deductible Health Plan）相结合的，合称为 HDHP/SO（High-deductible health plan with a savings option such as an HRA or HAS）。

3. 强化控费激励

推行按疾病诊断相关分组（DRGs）付费，激励医院降低住院费用。把住院疾病类划分为不同的组别，事先谈判确定每一疾病组别的医保支付金额，比如某医院 8 月有 800 位病人出院，其中有 700 位的疾病分组是 DRG1a，有 100 位的疾病分组是 DRG2a，DRG1a 的价格是 5000 元，DRG2a 的价格是 8000 元。健康保险公司 8 月向医院支付 800 位病人的住院费用共计 4300000 元（700 × 5000 + 100 × 8000）。无论实际的住院成本是多少，健康保险公司据此结算，医院超支自担，节约归己。

推行按人头付费，激励家庭医生管控医药费用。健康保险公司在发起健康维护组织（HMO）或者服务点计划组织（POS）计划时，通常要建立“守门人”制度。参保人选择健康保险公司认可的全科医生作为签约“家庭医生”，后者负责提供常见急性病以及慢性病管理和疾病预防等健康管理服务。家庭医生必要时提供转诊通道，患者不得自行转诊，否则相应的费用自理。为了激励家庭医生维护参保人的健康和降低不合理的医药费用，健康保险公司实施家庭医生按人头付费（Capitation），按照参保人签约数量定期向守门人支付绩效报酬，无论参保人是否看病。人头费分为基础工资和奖励绩效两部分，后者在期末考核后结算。显然，家庭医生越能够帮助参保人维护健康和降低不合理医药费用，签约人群数量就越多，家庭医生报酬也就越高。

以价格杠杆引导消费者选择定点医疗网络。和健康保险公司签约的定点医疗网络，通常要接受双方认可的医疗服务标准以及健康保险公司必要的审核与监督，其医疗服务价格通常较为便宜。健康保险公司提供各类管理型医疗计划，通常来说，对参保人使用定点医疗网络的限制越严格，医疗服务价格越便宜。参保人是以放弃自主选择医疗网络的一部分权利为代价，获得较低的价格的。在美国市场，通常来说，按照参保人使用定点医疗网络的限制程度排序，HMO 计划最高，POS 计划次之，PPO 计划最低。相应地，依据 Kaiser（2018）对美国雇主健康保险计划的调查，2018 年，对于单人参保的员工，HMO 计划的平均保费是 6869 美元，POS 计划的平均保费是 7048 美元，PPO 计划则高达 7148 美元。HMO 计划的平均起付线（Deductible）是 870 美元，POS 计划的平均起付线是 1204 美元，PPO 计划则高达 1598 美元[①]。

4. 强化过程监督

包括事前审核，确定是否给予入院许可和转诊许可；对于重症患者，健康保险公司指定签约护士实施病案管理；对于某些手术，征询第二位外科医生意见，事后按照约定标准进行医疗服务使用审核。

（二）推动整合型医疗，参与提升医疗服务价值

目前，美国五家“世界 500 强”健康保险集团都把推动整合型医疗服务模式作为战略转型的核心。

上述大型健康保险集团在推动整合型医疗方面取得了积极进展，

① The 2018 Kaiser/HRET Employer Health Benefit. www. kff. org/insurance/7315. cfm.

例如，信诺保险集团推出了负责医疗项目（Accountable Care Program），2017年，有200多个协同负责医疗项目安排，全科医生团队建立在以患者为中心的医疗之家（PCMH）和负责医疗组织（ACO）模式的基础上。该类计划跨越了30多个州，超过240万客户参加。另外，还推出了医院质量奖励项目（Hospital Quality Program），2017年，该类项目基于质量指标支付给450家医院医药费用补偿。进行了患者医疗保健协同计划试点，向小部分执业医生提供患者信息以改善医疗结果。

健康保险业通过两种方式参与对患者医疗服务过程的整合。第一，基于价值的支付；第二，参与提升医疗服务价值。

1. 基于价值的支付（VBR）

基于价值的支付（VBR）旨在建立与有效率和有效果的医疗服务相匹配的激励机制，以便赔付能够体现医疗服务价值，使医疗服务提供方为不良的医疗事件负责。实施VBR的前提是构建必要的基础设施，以支持对医疗服务价值进行评估。

健康保险业实施基于价值的支付（VBR），通常从两方面着手：一是激励以团队医疗方式创造价值，也就是鼓励医生参与团队合作或者共享，支持医生从价值创造中分享收益，支持跨医护专业、跨地点的整合型医疗组织[①]创新（见图5）。二是对医疗服务价值进行评估，评估指标体系关注的焦点是医疗服务性价比。

第一，实施基于团队医疗的支付方式。健康保险业主要采用以下

---

① 常见的整合型医疗组织形式包括：第一，以患者为中心的医疗之家（PCMH），它是一种家庭医生服务组织，包括家庭医生或者专科医生，接受为给定人群提供健康管理或者某些医疗服务的责任。为患者带来的好处包括：节省了病人时间，一旦医疗事项出现就能及时关注，医疗保健的连续性，提供慢性病的管理支持。第二，负责医疗组织（ACO）：医疗服务组织成员共同接受对给定人群提供健康管理和多领域医疗服务的责任。负责医疗组织可以看作提供“邻近医疗”服务，不仅提供或安排提供这些服务，而且还保证在分担管理病人责任（包括下班后覆盖）的初级医疗保健人员之间进行医疗整合，在初级医疗保健人员、专科医生、医院、家庭医疗保健、长期护理及多地点医疗之间进行服务整合。

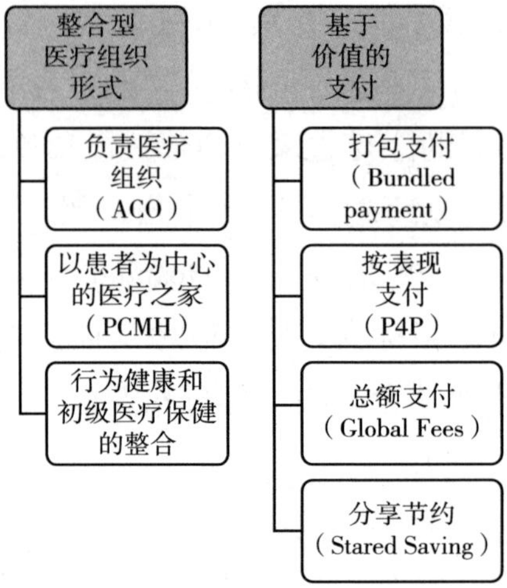

图5　整合型医疗组织形式和支付方式

四种支付方式，对团队医疗方式创造价值给予激励（Gutermanetc，2011；Korda，Eldridge，2011）。

·打包支付（Bundled Payment）：其财务模型是一个或多个医疗服务组织接受事前决定的价格，来管理患者整个患病期的医疗服务。打包支付通常应用于某些急性病的整个治疗期和完整的医疗保健流程，包括住院账单（以及任何因并发症导致患者再次住院的账单），外科医生的费用、麻醉医生费、康复器械费，以及随后的恢复期间所涉及的其他医护人员的费用，一切费用都在一个支付包当中。打包支付应用的例子包括冠状动脉搭桥手术、全髋关节置换术。

打包费率具有很多优点。它对于医院、外科医生和其他基于医院的内科医生承担共同责任提供了激励，激发了医务人员合作安排医疗保健方案的积极性，有利于减少并发症，促进治疗和保健之间的有效转换，提高疗效，消除浪费和无谓成本。打包付费也允许医疗保健团队灵活地提供服务，提供那些健康保险赔付通常不包含但可能改善疗效、降低成本的服务，例如，远程诊断等医疗服务、营养方案或基于家庭的帮助等非医疗服务。打包付费还鼓励医疗保健团队有效使用他们的时间，为他们的病人提供更便利的服务方式。

·总额支付（Global Fees）。传统的按服务数量支付系统，奖励医生提供更多的高成本服务，而不是为患者获得最佳结果。虽然打包费率可部分解决这一问题，但也产生新的问题，例如，如何对某些急性病种定义打包和如何扩大打包支付应用领域。另一种可替代的选择是对每个医疗保健组织提供总额支付——基于病人的健康状况进行风险调整的按人头支付——允许医疗保健组织自由确定最适合它的服务人群的业务流程。

总额支付有着很成功的例子，像HealthPartners、Intermountainand Kaiser Permanente等健康保险集团有着自己的健康保险计划和整合型医疗体系，患者报名参加健康保险计划，通过集团内的医院和医生得到医疗服务。健康保险计划作为支付方，对集团内的医疗机构按人头进行总额支付。如果医疗机构能有效管理患者的慢性病，以至于这些患者无需进行昂贵的住院治疗；或者使用成本较低的影像检查，这些费用节省仍然属于医疗机构所有。患者获益于更好的医疗结果，同时避免住院或不必要的检查；或者以降低保费的方式分享费用节省。

总体而言，对具备更多功能的综合性医疗保健组织而言，例如，负责医疗组织（ACOs），总额付款安排可能更有吸引力和更易于管理。它们能够借助自身现有的法律结构和财务结构，把医疗资源在患者可能面临的各类医疗服务当中优化配置。

·分享节约（Shared Savings）。分享节约支付方式有两种：其一，单向的支付模式，对于医务人员来说，无需分担费用超支带来的亏损，可以分享费用节省。其二，双向的支付模式，既分享费用节省，也承担不能达标时的亏损。

·按表现支付（P4P），鼓励医疗服务团队追求完美，持续地对服务过程进行改进，持续提升服务的性价比。对于超出考核标准的服务表现，给予额外奖励。例如在采用总额支付时，对于质量改进，通常额外给予质量奖励（Quality Bonuses）。与之相适应，医疗服务团队引入精益生产管理和六西格玛管理，以医疗服务流程为中心，消除医疗服务流程中的无用或浪费环节，不断提升医疗服务质量。

第二，对价值进行评估。对价值进行评估，是实施 VBR 的基础。VBR 引入综合评估，并采用基于团队的价值评估。

引入综合评估。在实施基于价值的支付时，健康保险机构作为支付方，把医疗服务提供者的收入与可量化的绩效标准相挂钩，建立了包括医疗服务质量、成本、患者满意度等在内的多维度的考核体系，并利用平衡记分卡等多种考核方式综合反映是否达到考核标准。打包支付、总额支付和节约共享都采用了上述综合评估方法，虽然具体指标有所不同。采用综合评估体系，可以引导医疗服务者关注为消费者创造价值，提供高性价比的医疗服务。与之相比，管理型医疗更关注控制成本，传统按服务付费（FFS）的方式更强调服务提供的数量。

采用基于团队的价值评估。基于价值的支付（VBR）要求服务提供方必须以团队方式工作，以满足工作表现评估和激励分配。如果不以团队方式工作，评估当中的统计不稳定将造成很宽的置信区间，这样就排除了使用有意义的赔付阈值。

2. 参与提升医疗服务价值

健康保险业在推动整合型医疗时，直接参与提升医疗服务价值，体现在以下两个方面。

第一，参与医疗协调，包括推动设立医疗协调人、设立医疗协调机构等。

· 推动设立医疗协调人（Care Coordinator）。健康保险公司通常要求医疗服务机构设立医疗协调人，负责病人的全程诊疗和长期随访，确保每位患者诊疗的连续性和统一性（Continuum），确保患者得到必要的医疗服务。同时，作为某一具体患者特有信息的交换中心

（Hub），也承担相应医疗风险和责任，而ACO等医疗组织则通过团队诊疗、联合病例讨论等形式保证医疗协调人负责制的安全运行。医疗协调人负责制降低了医师交接班产生的风险；各位医师的权责利既清晰又统一，清晰的架构减少了责任的灰色地带，提高了医疗质量及服务品质，同时更利于培养医患之间的长期信任关系（赵悦、沈际勇，2017）。

医疗协调人的角色通常由专门安排的护士承担，医疗协调人利用健康保险公司提供的患者个人健康信息和实时健康改进机会，从事以下几方面的工作：对于那些出院后仍然面临再次住院风险的患者，协调安排其所需医疗服务；对于保险公司通过健康风险识别模型找出的高风险参保人，进行主动随访；对于具有药物依赖、需要用药安全指导或者疾病预防教育的患者，主动给予指导；成为保险公司消费者健康促进计划（Health Advocacy Programs）的实施者，负责复杂病例管理（Case Management）、慢性病管理（Disease Management）和健康生活方式辅导（Healthy Lifestyle Coaching）。

· 设立医疗协调机构。例如，美国恒诺保险集团设立了专业化的家庭医疗服务协调机构——恒诺在家医疗服务公司Humana At Home. Inc，为患有多种慢性病、残疾和年老的参保人以及医疗保健服务方提供创新的和整体的家庭医疗保健协调服务。将这些服务重点部署在慢性疾病高发区，如佛罗里达州。恒诺在家医疗服务公司提供的临床支持和医疗保健旨在改善健康结果，重视积极的健康干预和动员消费者参与，努力使参保人在家中进行慢性病治疗和康复，尽量减少在急性医疗机构中的治疗时间。该公司通过健康风险预测建模，识别和接触那些需要慢性病干预的参保人，2017年通过慢性病医疗保健项目识别和招募了大约794900名患有慢性复杂疾病的患者。此外，恒诺保险集团还经营Transcend（一家医疗服务组织MSO）公司，主要在佛罗里达州、阿肯色州、亚拉巴马州和堪萨斯州为老年参保人协调医疗保健。通过整合医疗资源和动员患者参与，帮助医生改善患者体验和医疗保健结果，提供基于价值的医疗保健（Humana，2016）。

第二，信息分享。在基于价值的支付（VBR）模式下，医疗服务提供者和健康保险机构常常要共担财务风险和医疗风险，因此，合作双方有必要分享有关的信息。

如果信息共享达到较高的水平，参加VBR安排的各类医疗服务机构和健康保险机构需要借助信息技术做好以下事情：一是及时了解临床治疗信息；二是对医疗服务表现进行评估和监测；三是获得具有临床意义的参保人健康风险信息，以便实施基于风险调整的总额支付；四是获得描述医疗服务人员表现的透明和可操作的信息。理想情况下，所有这一切都需要构建一个动态数据仓库作为基础支撑，动态数据仓库基于电子健康档案EHRs，并从多个来源汇聚信息，然后提供可操作的信息给医疗流程各个节点上的医护人员。

创建共享的数据资产能够同时支持保险机构和医疗服务提供者，这说明了基于价值的支付（VBR）可以重新塑造保险机构和医疗服务提供者之间的关系，他们相互依赖和协同工作，来为他们共同的客户群提供增加的价值。换句话说，基于价值的支付（VBR）具有使各利益攸关方激励相容的潜力，模糊了保险机构和医疗服务提供者之间的传统区别。

保险公司通常向医疗服务提供方分享以下重要信息：患者接受其他医生服务的信息，患者完整的健康风险图谱，实时跟踪的医疗服务质量指标。

健康保险业对医疗服务机构分享信息，有助于从两方面提升医疗服务价值：一是可以确定更优化的诊疗方案，减少重复检查、重复治疗和误诊；二是可以利用改善医疗保健效果的重要机会，对参保人健康产生积极影响。

比如，恒诺保险集团设立了信息服务公司（Transcend Insights），侧重于构建横跨各个医疗保健部门的人口健康信息服务能力，利用可操作的数据帮助患者改善医疗保健，服务于医疗保健体系、医生和医疗团队。帮助医疗团队和患者从被动性的治疗方法转向积极性的健康促进和健康维护方法。恒诺保险集团加强了健康信息技术能力，能够为患者个人健康创建一个更完整的视图，在降低成本的同时，旨在连接、协调和简化医疗服务。这些能力包括专门的医疗保健分析引擎，它每天检查数百万患者的几十亿个临床医疗数据点，给参保人、服务提供方和支付方提供实时的临床医疗观察分析，基于循证医学，发现医疗服务指标差距、药品安全警报和其他关键的临床医疗健康问题，以改善医疗服务结果。此外，借助信息技术，可以连接恒诺保险集团和不同医疗保健机构的电子健康档案（EHR）系统，以便实时交流基本健康信息，为医生和医疗团队提供单一的、综合性的患者视图（Humana，2018）。

总之，正是参与医疗协调和信息共享，使得健康保险业直接参与提升医疗服务价值，成为医疗服务体系的一部分，也使得健康保险业对于医疗服务质量评估有了基础。

（三）药品保险管理

药品保险管理公司（PBM）是一个提供处方药物保险计划和相关管理服务的组织，旨在通过适当地影响处方药医师、药剂师和参保人的行为，来最大限度地提高药品的有效性和控制药物支出。

在医、药分开的体系中，由于存在患者个体对于药品的专业知识不足、和药商的谈判能力不足等问题，降低了药品流通服务领域和医疗服务领域的市场效率。药品保险管理公司发挥了“专业购买方”和“团购方”两方面的职能，通过与制药企业、医疗服务机构、健康保险计划签订合同，影响医生的处方行为，引导医患双方合理用药，提升购买方对于药价的谈判力，最终实现提升药品消费的性价比。

联合健康集团、信诺（Cigna）集团、恒诺集团等都设立了药品保险管理公司。药品保险管理业务已经成为大型健康保险集团重要的业务版块。

联合健康集团建立了包括遍布全国的67000多家零售药店和多个送货上门机构在内的网络，为全美6500万人提供全方位的药品服务。2017年，该版块预计将管理近850亿美元的药品支出，其中包括超过350亿美元的专利药品支出。该版块的药品服务可提供低成本、高质量的药品保险给付，这主要是依靠包括折扣管理在内的药品零售网络签约，临床治疗计划如分期治疗、目录管理、药物黏性、慢性病管理/药物治疗管理计划。该版块为绝大多数的联合健康保险参保人提供药品服务。此外，该版块为几乎所有的联合健康保险业务版块提供专利药保险管理，包括提供患者支持和临床医疗计划，旨在为消费者保证质量和提供价值。该版块还为非关联方的外部客户提供药品服务，这些客户包括众多的健康保险计划，大型全国性雇主计划，工会、信托和政府实体。该版块的销售渠道主要包括健康保险经纪人、其他医疗保健顾问和直销。

信诺（Cigna）集团向商业客户和政府（联邦医疗照顾计划/州立医疗救助计划）客户提供处方药品保险计划。信诺药品保险管理拥有一个由7万多家药店组成的网络，是一家综合性的药品保险管理公司（PBM），并提供临床计划和专业药品解决方案。还通过送货上门的方式提供高质量、高效率和高性价比的邮购、电话和在线药品履行服务（见图6）。

药品保险管理的具体做法包括三个方面①，分别是采用团购机制控制药品价格、药品使用管理和药品流通体系的便捷化。详述如下。

① 刘宗：《美国PBM的药品费用控制措施》，《世界临床药物》2005年第1期；杨莉、周顺华、李野：《美国药品福利管理者浅析》，《中国药房》2006年第2期；PCMA，PBM cost-saving tools，https：//www. pcmanet. org/policy-issues/formulary-design/。

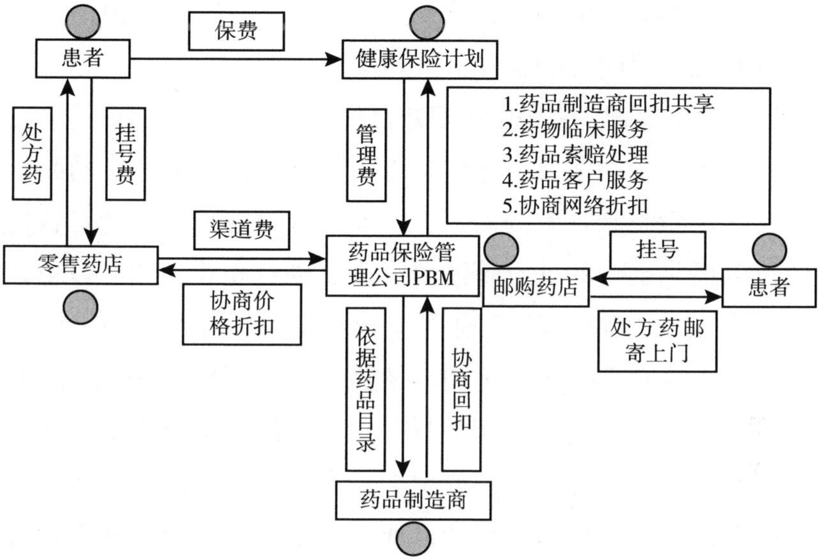

图6　药品保险管理（PBM）如何为患者创造价值

1. 采用团购机制控制药品价格，提升药品消费的性价比

第一，设立定点药店网络。药品保险管理公司（PBM）建立定点药店网络的目的有两方面：一方面，为加入网络的消费者提供折扣价格的处方药，在服务、便利和质量上进行竞争，以吸引特定健康保险计划的消费者；另一方面，是要求加入网络的药店“以价换量”，从药店那里获得价格折扣，从批发商那里获得价格折扣，监控所有定点药店的处方药物安全，在消费者使用多种处方药物时，提醒药剂师各种药物之间的潜在相互作用。

第二，药品价格谈判和回扣。药品保险管理公司（PBM）所执行的最重要的职能之一是和药品制造商直接签订药品购买协议，进行相关谈判和管理，获得针对健康保险计划和患者的药品折扣，降低药物支出。

处方药品之间的竞争取决于每个治疗类别内替代药品的数量。同等类别中被认为疗效等同的药品数量越多，药品保险管理公司

（PBM）越可以与药品制造商进行谈判以获得更高的回扣，这反过来使得患者和健康保险计划受益。

2. 药品使用管理，引导医患双方合理用药①

药品使用管理的主要措施包括以下五个方面：第一，药品目录设计。这是在保障临床疗效的前提下，药品保险管理公司针对各类疾病确定的可以提供支付的处方药清单。为了创建和管理药品目录，药品保险管理公司（PBM）依靠被称为药品保险和治疗委员会（P&T）的专家小组。这些委员会由医生、药剂师和其他医疗保健提供者组成，为各种疾病状态选择临床上最合适、经济上最合理的药品。大多数药品保险管理公司提供3层或更多层的药品保险计划，放置在1层和2层的药品通常是仿制药或较低成本的专利药，放置在3层或更高层的药品通常是高成本的专利药和特殊药。

第二，患者费用分摊。药品保险计划通常要求患者为他们的处方药物支付一定的额外费用。费用分摊选项包括挂号费（Copayment）、自付率（Coinsurance）、免赔额（Deductibles）或这些项目的组合。大多数的处方药品保险计划为其药品目录上的每个层级药品建立不同级别的费用分摊，越高层级的药品有越高的挂号费，且患者需承担较高的自付比例。

第三，鼓励普通药使用（Generic Drugs Utilization）。普通药是品牌药的仿制品，在剂量、安全性、效力、管理途径、质量、作用特征和适应症方面与专利药相同，但成本相对较低。为了推动普通药的使用，药品保险管理公司（PBM）通常采用较低患者承担的费用分摊、推行普通药奖励计划和使用邮寄上门服务等方式。

第四，设立专项药店服务特殊病人用药。专项药店（Specialty Pharmacies）建立在直接响应特殊患者（通常患有罕见病和慢性病）

① PCMA, PBM cost-saving tools, https://www.pcmanet.org/policy-issues/formulary-design/.

需求的基础上，以更好地采购、存储和配送专利药，以及更好地为患者使用专利药提供服务。这些药店专门研究口服、注射、吸入和输液药品所需的独特的存储和运输要求。此外，专项药店的药剂师和工作人员还提供患者教育、电话服务和临床医疗支持。专项药店必须提供全方位的临床和操作服务，以提高接受特殊药物治疗的患者的安全性、质量和可负担性，还需不断开发新的服务类别，以满足患者、支付方和药品制造商的不断变化的需要。

第五，疾病状态管理。疾病状态管理着眼于为患者降低整个生命周期过程当中的药物费用。干预措施包括针对特定慢性病人群设计的病患教育项目。

3. 药品流通体系的便捷化

药品保险管理公司支持药品邮购药店的发展，药品邮购方式为患者带来的好处是价格低、折扣多，购买方便。

药品邮购药店普遍采用药品送货上门服务。如果参与健康保险计划的成员选择药品邮购方式，健康保险计划向他们提供 90 天药物供应的最低挂号费。药品邮购药店能够降低处方药物费用，因为他们比其他类型的药店具有更低的物流成本，并且具有较低的间接费用。

三　美国健康保险业全面承接基本医保民营化

对于不能参加政府医保计划的广大美国公民，美国健康保险业承担了其中约 2 亿人的基本医保。除此之外，还承接了政府基本医保运营。补充医保业务在美国健康保险业业务构成中占比较低，虽然没有公开的保费结构数据，但从健康保险业赔付结构也可一见端倪，2015 年美国健康保险业医药费用赔付当中，补充医保业务赔付占比仅为 1.64%。

在联合健康、安森、安泰、恒诺这四家大型健康保险集团健康保险保费收入构成中，2017 年，经办政府医保业务保费收入占比分别为 63.36%、55.33%、52.81% 和 84.17%，并且 2013 ~2017 年，经办政府医保业务保费收入占比都在逐年攀升（见表 2、图 7）。

表 2　美国大型健康保险集团保费收入

单位：百万美元，%

保险公司	类别	2013 年	2014 年	2015 年	2016 年	2017 年
联合健康	商业健康保险业务	44847	43017	47194	53084	52066
	经办政府医保业务	62493	69844	78646	89274	103438
	全球业务	6385	6937	5503	6223	7753
	总保费	113725	119798	131343	148581	163257
	经办政府业务占比	54.95	58.30	59.88	60.08	63.36
安森	商业健康保险业务	39404.2	39199.6	37570.8	38692.1	40754.1
	经办政府医保业务	30752.6	33796.4	40813	45477.7	49276.2
	其他	34.6	25.7	21	24.2	30.9
	总保费	70191.4	73021.7	78404.8	84194	89061
	经办政府业务占比	43.81	46.28	52.05	54.02	55.33
安泰	商业健康保险业务	24481.2	28563.2	28708.6	27916	24548
	经办政府医保业务	15178.5	20999	22909.5	26200	27474
	总保费	39659.7	49562.2	51618.1	54116	52022
	经办政府业务占比	38.27	42.37	44.38	48.41	52.81
恒诺	商业健康保险业务	—	9977	11073	9798	7754
	经办政府医保业务	—	35931	41301	43223	44626
	总保费	—	45959	52409	52380	53021
	经办政府业务占比	—	78.18	78.81	82.52	84.17

数据来源：根据四家公司发布的年报整理。

下面以联合健康集团为例，对大型健康保险集团经办政府医保业务进行介绍。

联合健康集团经办政府医保业务分为两大业务版块，分别是经办联邦医疗照顾计划（Medicare）、经办州医疗救助计划（Medicaid）。

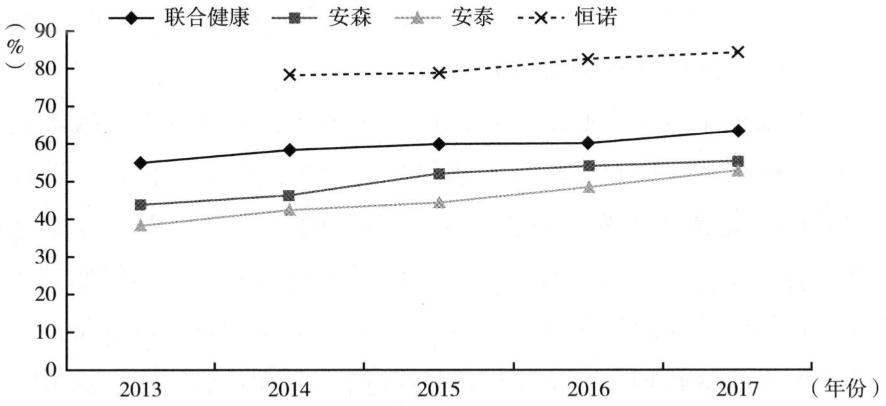

图7　美国大型健康保险集团经办政府业务占比

数据来源：根据四家公司发布的年报整理。

第一，联合健康集团经办联邦医疗照顾计划业务。该业务版块完全致力于服务不断增长的老年人市场，在美国全部50个州、华盛顿哥伦比亚特区和美国大部分海外领土地区提供产品和服务。该业务版块拥有独特的定价、承保、临床医疗管理和营销能力，为这个市场的健康产品和服务提供量体裁衣。

提供多样化的产品可供选择，帮助老人在他们情况变化时获得所需要的健康保障和服务。许多老年人发现联邦医疗照顾计划民营化项目所提供的可负担的和基于定点网络的医疗保健服务可以满足他们独特的医疗保健需求，该业务版块的市场定位是为上述老年人提供服务。对于那些喜欢传统的按服务付费FFS的联邦医疗照顾计划的参保人，该业务版块提供联邦医疗照顾计划补充保险和联邦医疗照顾计划处方药物保险（联邦医疗照顾计划D部分），通过提高保险金支付水平和引入目录外项目来补充政府资助的联邦医疗照顾计划。有特殊需求的受益人可以通过市场上的联邦医疗照顾计划经办业务和老人医保业务双重计划、慢性和机理性的特殊需求计划（SNPs）来获得服务。该业务版块的服务包括健康管理、临床医疗管理、护士健康在线服务、24 小时访问医疗信息和由该公司医疗网络和第三方医疗网络提供价格折扣的医疗保健服务。

提供以老年人为中心的医疗保健管理模式，使得其医疗成本低于传统医疗联邦医疗照顾计划成本水平。这种模式基于对慢性病管理的 20 多年的专业技能积累，并由该公司专有的技术平台做支撑。这些技能有助于改善老年人、残疾人和其他弱势群体的健康。例如，通过联合健康集团的家庭健保（妙管家）计划（HouseCalls Program），联合健康集团的签约护士在 2017 年大约进行了 130 万次的家庭预防性医疗保健上门服务，以发现、记录和帮助缩小老年人医疗保健的差距。

拥有广泛的渠道分销能力和经验，包括对美国退休人员协会（AARP）①、州及联邦政府机构等关键客户的直销、雇主团体渠道和代理人渠道。该业务版块的主要产品类别包括以下两项。

·联邦医疗照顾计划特惠项目（Medicare Advantage）。可以为合格的联邦医疗照顾计划受益人提供以下医疗保障计划，包括联邦医疗照顾计划民营化健康维护组织计划（HMO）、优先医疗服务提供者组织计划（PPO）、服务点组织计划（POS）、民营按服务付费计划（PFFS）和特殊需求计划（SNPs）。根据联邦医疗照顾计划民营化项目的规定，本业务版块提供健康保险以得到 CMS 每个月按人头支付的固定保费，以及某些情况下消费者支付的保费。从 CMS 收到的保费金额按照每个承保人居住的地理位置、人口因素（如年龄、性别）、机构状况和个人的健康状况而有所差异。2017 年，联合健康集团通过联邦医疗照顾计划民营化项目服务了超过 440 万人。

提供的联邦医疗照顾计划民营化产品，基于本地化进行设计，并考虑承保人和医疗保健服务提供者的偏好、竞争对手的产品、联合健

① 致力于 50 岁及以上人士需求的美国最大的会员组织。

康集团的财务业绩历史、对质量和成本的导向、每个地理区域 CMS 支付费率的长期前景。

提供创新性的医疗保健管理、慢性病管理和其他临床计划，并通过产品系列对联邦、州和个人筹集医保基金进行整合。对于某些产品面对的高风险患者，使用专有的自动化病历软件，可以使临床医疗保健团队捕捉和跟踪患者数据和临床经历，创建一套完整的横跨家庭、医院和疗养院护理的医疗保健信息。专有的预测模型工具帮助识别高风险参保人，允许医疗保健管理人员接触这些成员，并创建个性化的医疗保健计划以帮助他们在正确的时间和正确的地点获得适当的医疗保健服务。

· 联邦医疗照顾计划 D 项目（Medicare Part D）。通过联邦医疗照顾计划特惠项目和单独的联邦医疗照顾计划 D 项目，为全美国领土范围的受益人提供联邦医疗照顾计划 D 项目的保障。本业务版块提供两个独立的联邦医疗照顾计划 D 项目计划：美国退休人员协会联邦医疗照顾处方药优先计划（AARP MedicareRx Preferred）和美国退休人员协会联邦医疗照顾处方药储蓄附加计划（AARP MedicareRx Saver Plus Plans）。单独的联邦医疗照顾计划 D 项目涵盖了受益人对处方药品保险的大部分需求和偏好，包括低成本处方药选择。每个计划都包含了联邦医疗照顾计划覆盖的大多数药品并提供不同水平的保障以满足联邦医疗照顾计划受益人的多样化需求。2017 年，联合健康集团在联邦医疗照顾计划 D 部分项目中有超过 890 万参保人，其中，超过 490 万的联邦医疗照顾计划民营化项目参保人同时参保了联邦医疗照顾计划 D 项目。

第二，联合健康集团经办州医疗救助计划 Medicaid 业务。该业务版块致力于为那些覆盖经济弱势群体、医疗服务不足人群和没有雇主保险人群的州立医疗保障项目提供服务，作为回报，获得了州立项目每月按参保人数支付的保险费。在某些情况下，州立项目支付的保费按照经验或者风险进行调整。该业务版块的委托方监督州立医疗救助计划（Medicaid）、儿童健康保险计划（CHIP）、特殊需求计划（SNPs）、联邦医疗照顾—医疗救助综合计划（MMP）和其他联邦、州和社区医疗项目。2017 年，该业务版块参与了 28 个州和哥伦比亚特区的州立医疗保障项目，并服务了 670 万受益人。其中，为 16 个州的奥巴马医改法案医疗救助计划扩面项目提供服务。

对医疗救助计划受益人提供管理型医疗服务的州，通过使用正式招标过程或者授权个人签约的方式选择民营健康保险计划。在选择是否参与州立医疗保障民营化项目时，该业务版块需要考虑许多因素，包括该州在服务、创新和筹资等方面对于医疗救助计划管理型医疗项目的承诺和连续性支持，即期和长期符合条件的人口基数以及预计项目结构。该业务版块与该州的委托方合作倡导与医疗成本趋势相一致的精算合理的费率。

经办州立医疗保障项目的主要类别及其参与情况是：

· 贫困家庭（主要是妇女和儿童）的临时援助——26 个市场；

· 儿童健康保险计划（CHIP）——25 个市场；

· 老年人、盲人和残疾人计划（ABD）——22 个市场；

· 特殊需求计划（SNPs）——20 个市场；

· 医疗救助计划扩面项目——16 个市场；

· 长期服务和支持（LTSS）——14 个市场；

· 无保险、无子女成人项目——3 个市场；

· 联邦医疗照顾—医疗救助综合计划（MMP）——2 个市场；

· 其他项目（例如，逐渐发展起来的残疾、无子女成年人项目）——9 个市场。

上述健康保险计划和项目旨在满足所服务人群的复杂需求，这些群体包括慢性病患者、残疾人以及医疗行为和社会等因素所导致的高风险人群。该业务版块为具有特殊需求的儿童、孕妇、成年人、老年人和那些符合制度规定和养老院资格的人提供医疗保健管理和保障。这些人通常生活在医疗服务匮乏的地区，并且不太可能与当地的医疗群体或者医疗保健提供者具有持续的关系，这些人也往往面临着重大的社会和经济挑战。

该业务版块利用联合健康集团扎根本地的全国性网络能力，协调家庭、医生、其他医疗提供者、政府、社区机构和组织当中的资源，促进持续和有效的医疗保健服务。

四　规模经济效应分析

美国健康保险公司迈入世界500强。当健康保险业成为美国医院（医生）主要的收入来源时，保险公司健康保险业务规模越大，对医院（医生）的谈判能力和市场影响力（Market Power）越强，在相同医疗服务质量下，对医院（医生）的支付价格和赔付成本越低，总赔付率也较低。另外，对医疗服务进行过程监控需要信息系统成本投入，在信息系统成本相同的情况下，业务规模越大，每一单位保费分摊的信息成本越低。

（一）样本选择

上述规模经济的具体表现，可以用各家健康保险集团赔付率、营业毛利率和税前利润率等指标进行比较来表示。以下计算根据2015～2017年五家健康保险集团年报，鉴于安泰保险集团公司同时经营寿险和年金业务（参见表3），信诺保险集团公司同时经营寿险和万能保险业务（参见表4），我们把这两家健康保险集团排除在样本之外，也就是仅考虑对联合健康集团、安森保险集团和恒诺保险集团的财务指标进行比较，财务指标来自三家健康保险集团公布的年度报告。

表 3　安泰保险集团公司业务结构

单位：亿美元，%

安泰 Aetna	2015 年	2016 年	2017 年
总收入	603.37	631.55	605.35
寿险（长期护理）保费	21.39	21.43	18.19
年金（含投资收益）	2.98	2.84	3.21
寿险和年金业务收入占比	4.00	3.80	3.50

数据来源：根据公司年报资料整理。

表 4　信诺保险集团业务结构

单位：亿美元，%

信诺 Cigna	2015 年	2016 年	2017 年
总收入	378.76	396.68	416.16
寿险和万能保险保费	38.43	40.02	39.85
寿险和万能保险保费占比	10.10	10.10	9.60

数据来源：根据公司年报资料整理。

分析表明（参见表 5），营业收入规模最大的联合健康集团，总赔付率最低，营业费用率也最低，营业利润率最高。上述结果与理论分析是一致的。

表 5　三家健康保险集团的财务指标

单位：%

		2015 年	2016 年	2017 年
总赔付率	联合健康	81.70	81.20	82.10
	安森	83.28	84.75	86.36
	恒诺	84.50	84.90	83.00
营业费用率	联合健康	92.99	93.00	92.44
	安森	94.22	94.52	95.82
	恒诺	95.68	95.08	93.81

续表

		2015 年	2016 年	2017 年
营业利润率	联合健康	7. 01	7. 00	7. 56
	安森	5. 78	5. 48	4. 18
	恒诺	4. 32	4. 92	6. 19

注：总赔付率 = 医药费用赔付/保费收入，营业费用率 = 营业费用/保费收入。
数据来源：根据公司年报整理。

（二）主要公司致力于获得规模经济效应

1. 主要公司在健康产业实施并购，以获取规模效应

2018 年，美国发生了两项由大型健康保险公司参与的并购活动。

第一，11 月，药品保险管理公司 CVS 完成了对安泰保险集团（Aetna）的收购，并购交易的总价值为 690 亿美元。两家公司都入选了 2018 年《财富》世界 500 强，按照 2017 年的财务报告，CVS 与安泰合并后的营业收入达 2210 亿美元。

第二，12 月，信诺集团完成了对快捷药方公司①的收购，并购交易的总价值为 540 亿美元，信诺集团表示这一收购将有助于对医疗服务进行整合并降低成本②。

专栏：大型健康保险集团主要并购活动统计

安森集团（Anthem）③ 在上亿美元以上的主要并购活动统计如下：

◇2001 年，以 2. 04 亿美元并购了芝加哥的 Rush Prudential 健康险计划。

---

① Express Scripts Holding Co.

② improve healthcare coordination and cut costs.

③ 由于安森集团（Anthem）并购了维朋公司（WellPoint），本文对于安森集团并购活动的统计也把维朋公司的主要并购活动统计在内。

◇2002年，以40.4亿美元并购了弗吉尼亚州Trigon Healthcare公司，它属于蓝十字蓝盾组织，也是弗吉尼亚州最大的保险机构，合并后的公司参保人数达到1190万人。

◇2002年，以15亿美元并购了位于密苏里州的RightChoice管理型医疗组织。

◇2004年，安森集团以208亿美元并购了维朋（WellPoint）公司，并更名为维朋公司WellPoint，Inc。

◇2005年，以1.85亿美元并购了弗吉尼亚州的Lumenos健康保险计划，它是由消费者驱动的健康保险计划（Consumer-driven Health Plans）的开创者和市场领导者。

◇2005年，以65亿美元并购了WellChoice，它是位于纽约的蓝十字蓝盾机构。

◇2012年，以49亿美元并购了Amerigroup，并购目的是抓住Medicaid民营化扩面带来的市场机会。

◇2012年，恢复公司名称为安森Inc。

◇2015年，安森集团和信诺集团宣布达成542亿美元的并购协议，但是，2017年1月，美国地方法院以反垄断为理由，否决了这项协议。

联合健康集团（UnitedHealth Group）在上亿美元以上的主要并购活动统计如下：

◇1995年，以16.5亿美元并购了MetraHealth公司，它是旅行者保险公司和大都会人寿保险公司合资成立的健康保险子公司。

◇2005年，以92亿美元并购了PacifiCare Health Systems健康保险公司。

◇2007年，以26亿美元并购了Sierra健康服务公司，后者为内华达州31万参保人和全美老人项目和政府项目的32万参保人提供健康保障和服务。

◇2009 年，以 5.7 亿美元并购了 Health Net（HNT）公司在美国东北部的子公司。

2. 集团化下的业务平台协同

联合健康集团是一家多元化的健康服务公司，致力于帮助人们更健康地生活以及使医药卫生体系更好地为每个人服务。核心竞争力体现在先进实用的技术，医疗保健数据、信息和情报，以及对临床医疗保健的管理和协调。利用上述三方面的核心竞争力，通过多样化的业务群，帮助满足消费者对医疗保健的需求。联合健康集团把这些核心能力部署在两个不同但战略上协同的业务平台：以 UnitedHealthcare 为品牌的健康保险产业版块和以 Optum 为品牌的医疗保健服务产业版块。

保险业务版块为一系列的客户和市场提供医疗保障。“联合健康保险雇主与个人业务”（UnitedHealthcare Employer & Individual）服务于独资企业、大型全国性企业、公共部门和个人消费者，并且通过美军医疗保障计划（TRICARE program）为国家的现役与退役军人及其家属服务。“联邦医疗照顾计划经办业务”（UnitedHealthcare Medicare & Retirement）为联邦医疗照顾计划受益人和退休人员提供健康保障经办服务。“州医疗救助计划经办业务”（UnitedHealthcare Community & State）为州医疗救助计划、社区项目及参与者提供健康保障经办服务。“联合健康保险全球业务”（UnitedHealthcare Global）包含阿米尔公司，该公司不仅为巴西团体雇主和个人雇主提供医疗保障、牙科保障、医院和临床服务，而且还经营着多样化的全球健康业务。

医疗保健服务产业版块通过医疗服务公司（Optum Health）、健康信息技术服务公司（Optum Insight）和药品保险管理公司（Optum Rx）三家子公司为支付方、医疗保健提供者、雇主、政府、生命科学公司和消费者提供服务。这些公司致力于优化医疗保健服务质量、降低成本、改善消费者体验和医疗保健服务提供者表现，帮助提高了医药卫生体系整体水平，上述医药卫生体系涵盖了八个市场，包括医疗保健服务、医疗保健管理、药品服务、消费者参与、渠道服务、金融服务、医疗信息技术和运营服务与支持。

健康保险产业版块与医疗保健产业版块保持着各种合作关系，包括整合数据和分析，实现基于价值的支付和医疗保健管理，使双方能够共同提升对各个群体医疗保健的管理水平。其中：健康保险产业版块利用医疗保健产业版块来帮助协调向病人提供的医疗保健服务，增强对医疗服务的负担能力，分析成本趋势，提供药品保险管理 PBM，更有效地与医疗保健提供者合作和创造更简单的消费者体验；医疗保健产业版块利用健康保险产业版块来扩大客户渠道，提高医疗保健管理水平，增强医疗保健服务整合能力，实现体系内专科医生和家庭医生的有机分层与无缝链接，提高消费者参与度和满意度。

3. 加强大数据平台建设

规模越大的健康保险集团获取大数据的能力越强，大数据平台建设反过来会支持健康保险集团发展。以联合健康集团为例，大数据平台可以满足四个主要细分市场的需求。

一是为医疗保健服务提供者提供服务。联合健康集团的大数据平台服务于每六家美国医院中的五家以及数以万计的执业医生，提供了帮助推动财务绩效、满足合规需求和实现健康智能的功能。大数据平台带来了一系列的解决方案以帮助那些特别关注临床医疗服务水平与质量提高、人群健康管理、数据管理与分析、收入管理、成本控制、合规管理、支持云端协作和消费者参与的医疗保健服务提供者。

二是为支付方提供服务。联合健康集团的大数据平台服务于 300 多个健康保险计划来帮助他们提高运营和管理效率，理解和优化业务增长并管理风险，基于临床医疗水平和合规性目标提供医疗服务，建立和管理强大的医疗保健服务网络。大数据平台还帮助支付方客户适应新的市场模式，包括健康保险交易所、消费者驱动型医疗保健和消费者参与、基于价值付费合同、人群健康管理。

三是为政府提供服务。联合健康集团的大数据平台为联邦和州政府客户提供服务，包括数据和分析技术、索赔管理、精准支付服务和战略咨询。此外，该版块还提供客户系统整合技能和服务，以满足复杂的政府需求（包括公立健康保险交易所）。

四是为全球生命科学机构提供服务。这些机构从联合健康集团的大数据平台获取一系列核心领域的数据分析和专业技术，上述领域包括健康经济学和医疗结果研究、市场进入和医疗费用补偿咨询、综合的临床和医疗费用索赔数据及信息服务、流行病和药品安全、患者的报告结果。

B.4

我国长期护理保险制度实践

刘洪波　冯鹏程　武晓明　黄春芳　崔妍妍　郭红艳　濮桂萍*

摘　要：开展长期护理保险制度试点，是我国应对人口老龄化的重要举措。本报告总结了长期护理保险试点工作总体进展，认为长期护理保险试点运行平稳，取得了四方面明显成效，包括建立了基本保障体系的“第六险”，减轻家庭照护负担，缓解基本医保基金压力，以及促进医养护理产业发展。报告认为“政府主导、保险公司经办”是未来我国长期护理保险的主要运行模式，并从三个方面提出了加强顶层设计的建议：完善顶层设计、完善长期护理保险相关技术标准和制度规范、推动数字科技在老年护理产业中的应用。

关键词：长期护理保险制度　失能老年人　保险公司　青岛长期护理保险试点

* 刘洪波，泰康养老保险股份有限公司助理总经理，高级经济师，研究方向为健康保险；冯鹏程，泰康养老保险股份有限公司健康保险事业部副总经理，研究方向为健康保险；武晓明，中国人民健康保险股份有限公司处长，高级经济师，研究方向为医疗保障；黄春芳，泰康养老保险股份有限公司健康保险事业部照护保险部负责人；崔妍妍，泰康养老保险股份有限公司健康保险事业部照护保险部高级主管；郭红艳，泰康养老保险股份有限公司健康保险事业部照护保险部高级主管；濮桂萍，上海健康医学院护理与健康管理学院讲师，研究方向为健康保险与长期护理保险。

自20世纪末进入老龄化社会以来，我国的人口老龄化呈现出规模大、发展速度快、程度高、超前于经济发展等特点。根据国家统计局最新人口统计数据，截至2018年底，全国60周岁及以上老年人口为2.49亿人，占总人口的17.9%，与2017年相比增加了859万人。另据预计，到2025年，我国老年人口数将达到3亿，约占总人口的20%；到2050年前后将达到4.87亿，届时每3个人当中就会有1个老年人，老龄人口数量、占总人口比例将双双达到峰值。人口老龄化问题已成为政府及民众都非常关注的重大社会问题。

2016年6月，人力资源和社会保障部办公厅印发《关于开展长期护理保险制度试点的指导意见》（以下简称《指导意见》），选取上海市、重庆市、广东省广州市、吉林省长春市等15个城市作为试点，吉林、山东两省为国家试点重点联系省份，探索建立符合我国国情的长期护理保险制度，目前政策发文已超过2年。本文梳理了试点城市长期护理保险政策重点环节，结合我国国情进行提炼，提出相关建议。

一　长期护理保险试点工作总体进展

截至2018年底，15个试点城市均已发布政策文件，除重庆市以外，其他试点城市均已运行长期护理保险制度。在政策带动下，长期护理保险制度在全国多个地区或城市广泛萌芽，北京市石景山区、河北省邢台市巨鹿县、山东省济南市、山东省烟台市、江苏省盐城市、浙江省嘉兴市等20多个试点外城市（区）（详见表1）先后发布政策并运行长期护理保险制度。

自长期护理保险制度实施以来，参保人群迅速扩大，失能待遇紧随兑现。据人社部数据统计，至2018年6月底，长期护理保险制度覆盖人数超过5700多万人，与2017年底相比，增加了49.9%。基金收入约41.8亿元，待遇支付7.2亿元，享受待遇人数约18万人，其中超过六成人口选择居家护理。

表1　全国长期护理保险开展情况

试点城市	《指导意见》下发前开展的试点:青岛市、长春市、南通市
	《指导意见》下发后开展的试点:上海市、承德市、苏州市、安庆市、上饶市、荆门市、成都市、石河子市、广州市、齐齐哈尔市、宁波市、重庆市
自行开展城市(不完全统计)	邢台巨鹿县、济南市、烟台市、盐城市、嘉兴市、北京市石景山区、菏泽市、东营垦利区、苏州市昆山市、克拉玛依市、太仓市、张家港市、昌吉市、义乌市、常熟市、秦皇岛市、枣庄市、邢台南和县、嘉峪关市、常州市武进区、扬州市、贺州市、台州市天台县等

二　长期护理保险试点地区经验总结

（一）覆盖范围

《指导意见》指出，“试点阶段，长期护理保险制度原则上主要覆盖职工基本医疗保险。试点地区可根据自身实际，随制度探索完善，综合平衡资金筹集和保障需要等因素，合理确定参保范围并逐步扩大”。从试点城市实践情况看，在覆盖范围上主要有以下几种形式。

一是覆盖城镇职工基本医疗保险（以下简称“城镇职工医保”）参保人，此种形式在试点城市开展长期护理保险初期较为普遍，尤其是《指导意见》发布后新开展长期护理保险的试点城市，如河北省承德市、黑龙江省齐齐哈尔市、浙江省宁波市、江西省上饶市、安徽省安庆市等。

二是在长期护理保险顺利运行一段时间后，由城镇职工医保扩大至城乡居民基本医疗保险（以下简称“城乡居民医保”）参保人，例如江苏省苏州市、江苏省南通市、新疆生产建设兵团八师石河子市等。

三是由城镇职工医保参保人扩展至城镇居民基本医疗保险（以下简称“城镇居民医保”）参保人。典型城市是上海市，上海市2017年部分市区先行试点，2018年扩大至所有区县，覆盖城镇职工及60岁以上城乡居民。

四是人群全覆盖，山东省青岛市是全国第一个实现长期护理保险全覆盖的城市，2012年7月首先在城镇职工、城镇居民中试行护理保险，2015年扩大到农村。

各试点城市长期护理保险覆盖范围见表2。

表2　试点城市长期护理保险覆盖范围

覆盖范围	试点城市
城镇职工医保参保人	河北省承德市、黑龙江省齐齐哈尔市（含灵活就业）、浙江省宁波市、安徽省安庆市、江西省上饶市、广东省广州市、重庆市、四川省成都市
城镇职工医保参保人、城乡居民医保参保人	山东省青岛市、江苏省南通市、兵团石河子市、江苏省苏州市、湖北省荆门市
城镇职工医保参保人、城镇居民医保参保人	吉林省长春市
城镇职工医保参保人、部分城乡居民参保人	上海市（城镇职工及60岁以上城乡居民）
全人群	山东省青岛市

总的来说，随着制度不断探索完善，平衡资金筹集、保障需求等因素，各试点城市长期护理保险覆盖范围出现了差异，部分试点城市将覆盖范围扩展至城乡居民医保参保人，少数试点城市实现了全人群的覆盖，但对于重点人群的关注仍有待加强。《2015年第四次中国城

乡老年人生活状况调查》结果显示，失能老年人医疗护理费用负担较重，特别是对于农村失能老年人，高昂的医疗保健费用与其低收入形成极大反差，导致农村失能老年人生活质量大幅下降，因此农村失能老年人群对于长期护理保险的需求更为迫切。但目前长期护理保险制度主要在城镇职工群体中试点，未来在长期护理保险覆盖人群的设计和考量中，应进一步向需求群体倾斜和靠拢。

（二）筹资机制

《指导意见》指出，“在试点阶段，可通过优化职工医保统账结构、划转职工医保统筹基金结余、调剂职工医保费率等途径筹集资金”。在试点城市中，筹资来源主要分为两种模式：单一筹资和多元筹资。

单一筹资模式，即未开拓其他筹资渠道，主要从医保基金按一定比例进行划拨，此类型的试点城市较少，典型城市是广东省广州市、上海市。

多元筹资模式，是多数试点城市采用的方式，主要资金来源于包括医保基金划拨、财政补助、个人缴纳，此外还有单位承担、福彩和社会捐助等。关于个人缴纳，部分地市明确职工从个人账户划转，不足时再个人缴纳。各试点城市筹资渠道、筹资标准见表3。

表3　试点城市筹资渠道和筹资标准汇总

试点城市	筹资渠道	筹资标准(年)
河北省承德市	个人 + 医保基金 + 财政补贴	上年度工资总额的 0.4%（个人 37.5% + 基金 50% + 财政 12.5%）
吉林省长春市	个账 + 医保基金（依据收支情况，财政可进行补贴）	参加统账结合医保的，以当月职工医保缴费为基线个账 0.2%，基金 0.3%； 参加住院统筹医保的，基金划转 0.5%； 参加城镇居民医保的，基金划转 30 元/（人·年）

续表

试点城市	筹资渠道	筹资标准(年)
黑龙江省齐齐哈尔市	个账 + 医保基金(初期个人账户,后逐步个人缴费)	上年度在岗职工月平均工资的 1.5% 左右,试点阶段为 60 元(个人 30 元 + 基金 30 元)
上海市	医保基金(支付不足时,财政可进行补贴)	对职工医保,按照用人单位缴纳职工医保缴费基数 1% 的比例,从职工医保统筹基金中按季调剂资金,作为长期护理保险筹资;对 60 岁以上城乡居民,根据 60 周岁以上居民医保的参保人员人数、按照略低于第一类人员的人均筹资水平,从居民医保统筹基金中按季调剂资金,作为长期护理保险筹资
江苏省南通市	个人 + 医保基金 + 财政补贴	按上年城镇居民可支配收入的 3% 左右确定。试点阶段暂定 100 元(个人 30 元 + 基金 30 元 + 财政 40 元)
江苏省苏州市	个人 + 医保基金 + 财政补贴(试点阶段个人暂免)	试点阶段:职工:120 元(财政 50 元 + 医保 70 元);居民:85 元(财政 50 元 + 医保 35 元)
浙江省宁波市	暂未建立筹资方案,目前医保基金划转	暂未建立筹资方案
安徽省安庆市	个人 + 医保基金	30 元(个人 10 元 + 基金 20 元)
江西省上饶市	个账 + 医保基金 + 财政补贴或福利彩票(个账不足时,个人缴纳)	100 元(个人 40 元 + 基金 30 元 + 财政或福利彩票 30 元)
山东省青岛市	个账 + 医保基金 + 财政补贴	职工护理保险资金:财政补贴:30 元/(人 · 年);个账:医保个人缴费基数 0.2%;医保基金划拨:历年结余基金中一次性划拨,并按照基本医保缴费基数总额 0.5% 的比例按月划拨。 居民护理保险筹资:医保基金划拨不超过当年居民医保基金筹集总额 10% 的比例进行划转

续表

试点城市	筹资渠道	筹资标准(年)
湖北省荆门市	个人+医保基金+财政补贴(待遇支付比例与缴费年限挂钩)	上年度人均可支配收入0.4%(个人37.5%+医保基金25%+财政37.5%)
广东省广州市	医保基金	130元(基金)
重庆市	个账+医保基金+捐助	150元(个人100元、医保基金50元)
四川省成都市	单位+个人+财政补贴+捐助(试点期间:个账+医保基金+财政,个人及单位不缴费)(待遇支付比例与缴费年限挂钩)	单位:医保缴费基数的0.2%按月划转; 个人:按照医保缴费基数的一定比例从个人账户划转,其中40岁以下0.1%,40岁到退休前0.2%,退休人员0.3%; 从医保统筹基金累计结余一次性划转启动资金5000万元
兵团石河子市	个人+医保基金+财政补贴+福彩(待遇支付比例与缴费年限挂钩)	控制在居民可支配收入的1%之内; 职工基金15元/人/月; 居民个人:18岁以上人口(不含在校学生)24元/(人·年); 财政补助:60岁以上人口40元/(人·年); 福彩补助50万元/年

资金来源是我国长期护理保险长期有序发展的关键要素，我国严峻的老龄化形势决定了未来护理费用数额将非常庞大，长期护理保险不能依靠单一渠道筹集，而必须走多层次、多渠道的筹集路线。通过两年多的试行，试点城市基本建立了和衷共济、责任共担的多渠道筹资机制，初步形成了与各试点城市经济社会发展和保障水平相适应的筹资机制，为全国全面建立和发展长期护理保险提供了良好参照。

随着长期护理保险制度的全面铺开，仍需探索不同发展阶段的筹资机制，从试点城市到全国统一建立长期护理保险制度的初创、过渡阶段，可采取从基本医疗保险基金中划拨的方式，积极引导参保群体参加长期护理保险；经进一步探索发展后，可本着保持筹资渠道独立性、减轻企业负担、不增加个人负担的原则，将长期护理保险列为社会险种之一。此外，随着民众对长期护理保险的认同感提高，尝试提升其长期护理保险意识，从经济发达地区开始，鼓励居民参加商业护理保险，以先试点后普推、先职工后居民、先城镇后农村的路径，开展城乡职工和居民统筹业务。

（三）服务类型及支付范围

15 个试点城市中，服务类型主要有三种：一是只在机构内提供护理服务，如吉林省长春市。二是机构内提供护理服务与机构上门提供服务两种方式并存，此为多数试点城市的做法。其中上海市、江苏省苏州市与山东省青岛市的服务类型还包含了社区机构上门服务。三是在机构提供护理服务的基础上，增加了居家个人/自行照护，采取此种做法的城市包括江西省上饶市、四川省成都市、湖北省荆门市。

试点城市在支付范围上程度不同、宽窄不一。部分试点城市政策规定支付费用范围较为宽泛，如广东省广州市、吉林省长春市、湖北省荆门市等试点城市，除药品及治疗费外，床位、护理、耗材等费用均在支付范围之内；也有试点城市仅仅将护理费纳入支付范围，其他费用全部由失能人群自行支付，如河北省承德市、兵团石河子市等。支付范围的不一致，客观反映了各试点城市待遇保障的合理性有待考量。试点城市服务类型、支付范围详见表 4。

表 4　试点城市长期护理保险服务类型、支付范围汇总

试点城市	服务类型	支付范围
河北省承德市	机构内 + 机构上门	医疗护理 + 生活护理
吉林省长春市	机构内	医疗护理（重点医疗护理）+ 生活护理
黑龙江齐齐哈尔市	机构内 + 机构上门	医疗护理 + 生活护理

续表

试点城市	服务类型	支付范围
上海市	机构内＋社区机构上门	医疗护理＋生活护理
江苏省南通市	机构内＋机构上门	医疗护理＋生活护理
江苏省苏州市	机构内＋社区机构上门	生活护理(第二阶段＋医疗护理)
浙江省宁波市	机构内	医疗护理＋生活护理
安徽省安庆市	机构内＋机构上门	医疗护理＋生活护理
江西省上饶市	机构内＋机构上门＋居家自主	医疗护理＋生活护理＋辅具租赁
山东省青岛市	机构内＋机构上门＋社区巡护	医疗护理＋生活护理＋功能维护
湖北省荆门市	机构内＋居家个人	医疗护理＋生活护理
广东省广州市	机构内＋机构上门	医疗护理＋生活护理
重庆市	机构内＋机构上门	医疗护理＋生活护理
四川省成都市	机构内＋机构上门＋居家个人	基本生活护理＋生活密切相关的日常护理
兵团石河子市	机构内＋居家自主	医疗护理＋生活护理

各试点城市在服务类型上以机构内提供服务为基础，结合机构上门、社区上门或居家自主护理等形式，符合不同失能程度人群的护理需求。而在支付范围上程度不一，基本涵盖了生活护理及与基本生活密切相关的医疗护理，部分试点城市还将辅具租赁、功能维护纳入支付范围。由于失能人群数量庞大，失能人群的治疗和康复问题尤其突出，无论机构养老还是居家养老，康复都应是老年长期护理的核心内容之一，康复训练、康复辅具的应用将越来越广泛，因此在满足生活照料及基础医疗护理的基础上，全国在继续推行长期护理保险的进程中，都应考虑扩大保险购买服务范围，适时将康复训练、辅具租赁等项目纳入其中。

（四）服务项目

服务项目清单是落实长期护理保险保障待遇的基石。《指导意见》指出，长期护理保险“重点解决重度失能人员基本生活照料和与基本生活密切相关的医疗护理等所需费用”。各试点城市根据指导意见，制定了属地化的长期护理保险服务项目清单。

各试点城市服务项目清单有两种类型：独立的配套文件项目清单以及嵌套于政策文件中的项目清单。清单内服务项目大致包括生活护理、医疗护理、预防性护理、康复护理、心理疏导5个大类，但具体项目数不尽相同。部分试点城市长期护理保险服务项目政策文件、服务项目数量统计见表5、表6。

表5　部分试点城市长期护理保险服务项目政策文件汇总

类别	试点城市	政策文件名称
独立配套文件	上海市	《长期护理保险服务项目内容》
	黑龙江省齐齐哈尔市	《齐齐哈尔市长期护理保险护理服务项目目录》
	江苏省南通市	《关于完善居家上门照护服务套餐的通知》
	江苏省苏州市	《苏州市长期护理保险生活照料服务项目和标准(试行)》
	四川省成都市	《成都市长期照护保险服务项目和标准》
	广东省广州市	《广州市长期护理保险基本生活照料服务项目》 《广州市长期护理保险医疗护理服务项目》
嵌套政策	湖北省荆门市	《荆门市长期护理保险实施细则(试行)》
	山东省青岛市	《青岛市长期医疗护理保险管理办法》
	兵团石河子市	《八师石河子长期护理保险实施细则(试行)》

表6　部分试点城市长期护理保险服务项目统计

单位：项

城市	项目总数	生活护理类	医疗护理类	预防性护理	康复护理	心理慰藉
上海市	30	16	11	2	1	0
黑龙江省齐齐哈尔市	24	14	10	0	0	0
江苏省南通市	12	10	2	0	0	0

续表

城市	项目总数	生活护理类	医疗护理类	预防性护理	康复护理	心理慰藉
江苏省苏州市	18	13	2	2	1	0
山东省青岛市	21	6	14	0	0	1
湖北省荆门市	29	14	13	0	1	1
广东省广州市	35	17	14	2	1	1
四川省成都市	33	16	13	2	1	1
兵团石河子市	20	6	13	0	0	1

数据来源：根据上述城市医疗保障局网站资料等整理。

综观各地长期护理保险服务项目，基本都涵盖了生活护理与医疗护理两大类，响应了《指导意见》对我国长期护理保险制度构建的整体要求。但多数试点城市长期护理保险涵盖的服务项目、内容较为有限，尤其是对于预防性护理、康复护理、心理慰藉等方面的项目甚少，结合欧美国家及日韩、我国香港和台湾地区的实践经验，这些项目是发达国家和地区长期护理保险服务项目清单的重要组成部分。因此，在总结国内试点经验的基础上，其他城市或地区应适度增加长期护理保险服务种类和服务内容，并积极探索，纳入预防性护理、康复护理、心理慰藉等方面的服务项目，不断满足护理对象个性化的需求。

（五）失能评估工具

根据《指导意见》的规定，各试点城市根据自身经济发展水平、失能人群护理服务需求、护理服务成本等，选定失能评估工具，制定待遇享受人群。

从失能评估工具上看，多数试点城市选用单一维度评估日常生活能力的巴氏指数量表（Barthel Index）作为失能评估工具，如河北省承德市、黑龙江省齐齐哈尔市、浙江省宁波市、安徽省安庆市、吉林省长春市等，并将重度失能者作为待遇享受人群。还有部分试点城市选用复合型工具，如行业标准《老年人能力评估》。另有少数试点城市在失智评估中采用量表评估与医疗机构诊断相结合的形式，如广东省广州市。各试点城市待遇享受人群、失能评估工具详见表7。

表7 试点城市待遇享受人群、失能评估工具汇总

试点城市	待遇享受人群	失能评估工具
河北省承德市	重度	巴氏指数量表
吉林省长春市	中重度	巴氏指数量表、综合医院分级护理指导意见、KPS评分
黑龙江省齐齐哈尔市	重度	巴氏指数量表
上海市	60周岁及以上、失能程度达到二至六级	地方制定，《统一需求评估》
江苏省南通市	中重度	巴氏指数量表
江苏省苏州市	中重度	地方制定，参照《老年人能力评估》调整
浙江省宁波市	重度	巴氏指数量表
安徽省安庆市	重度	巴氏指数量表
江西省上饶市	重度	按上海市制定，《统一需求评估》
山东省青岛市	中度及重度失能失智人员	地方制定，参照《老年人能力评估》调整
湖北省荆门市	重度	巴氏指数量表
广东省广州市	重度、中度失能并中重度痴呆	巴民指数量表及二级以上定点医疗机构诊断
重庆市	重度	巴氏指数量表
四川省成都市	重度	地方制定，综合量表
兵团石河子市	重度	巴氏指数量表

概括而言，试点城市多数以巴氏指数量表作为失能评估工具，少数城市采纳了行业标准《老年人能力评估》；待遇享受人群以重度失能人群为主，少数城市将中度失能人群纳入。随着试点城市长期护理

保险制度的推进，在失能评估方面，以下问题逐渐显现：①以巴氏指数量表为代表的单一型评估工具对失能评估不够全面，仅测量自理能力，缺乏失智评估，稳定性差，易受主观因素影响。②以《老年人能力评估》为代表的复合型评估工具虽然从多个维度对个体功能水平进行考量，但工具组合后缺乏信效度验证，组合过程中存在条目叠加，或增加疾病、用药、治疗等功能影响因素（而非功能本身）；工具构成相对复杂，影响评估成本及效率。

不同背景、不同长期护理保险制度下的失能评估含义不同，但理想的失能评估工具必须符合以下核心要求：能够客观、全面地反映功能状况；评估成本、效率可接受；作为服务供给、待遇给付的基础，评估结果必须能与服务、给付制度衔接。从这一点来讲，以巴氏指数量表为代表的单一型工具和以《老年人能力评估》为代表的复合型评估工具，都不是最适合我国长期护理保险领域的工具，仍需研究者对失能评估工具进行开发和研究。

（六）待遇支付

各试点城市在长期护理保险支付方式上，主要有现金补偿、提供服务以及混合给付三种方式。

在支付制度上，有按床日付费、按机构属性付费、按护理等级付费、按服务项目付费、按护理包付费以及混合等形式，其中以按床日付费为主。在支付额度上，在定额或限额的基础上，按照《指导意见》要求，设定相应比例，多数试点城市基金支付比例在70%左右。但根据当时护理服务市场供给能力和政策引导倾向，调节不同护理形式的额度与比例。试点城市待遇支付汇总信息详见表8。

（七）经办管理

《指导意见》指出，“社会保险经办机构可以探索委托管理、购

表 8　试点城市待遇支付信息汇总

试点城市	待遇支付		
	机构上门（含居家个人）	养老机构	医疗机构
河北省承德市	基金支付 70%，最高每床日 40 元	基金支付 70%，最高每床日定额 50 元	基金支付 70%，最高每床日 60 元
吉林省长春市	—	职工支付 90%，居民支付 80%	不同级别医疗机构不同，职工为 75% ~ 90%，居民为 65% ~ 80%
黑龙江省齐齐哈尔市	定额 20 元/日，基金支付 50%	定额 25 元/日，基金支付 55%	定额 30 元/日，基金支付 60%
上海市	①二级或者三级的，每周上门服务 3 次；四级的 5 次；五级或者六级的 7 次；每次服务 1 小时。服务费用基金支付 90%； ②五级或六级持续居家照护服务 1 ~ 6 个月，每月增加 1 小时服务时长或 40 元现金补助；6 个月以上，每月增加 2 小时服务时长 + 80 元现金补助	二级和三级：20 元/天；四级：25 元/天；五级和六级：30 元/天 其中，基金支付 85%	住院医疗护理费用按医保规定执行
江苏省南通市	重度 15 元/天，中度 8 元/天	重度 40 元/天、中度 10 元/天	重度 50 元/天、中度 15 元/天
江苏省苏州市	重度 30 元/天，中度 25 元/天	重度 26 元/天、中度 20 元/天	
浙江省宁波市	—	定额标准为每日 40 元	

续表

试点城市	待遇支付		
	机构上门（含居家个人）	养老机构	医疗机构
安徽省安庆市	居家协议机构上门照护：每月限额750元。 居家接受非协议护理服务机构护理服务的护理补助：补助标准暂按每天15元	基金支付50%，每人每日限额40元	基金支付60%，每人每日限额50元
江西省上饶市	居家自主：450元/人/月 居家上门：900元/人/月+180元护理器械租赁费	机构内：1080元/人/月	
山东省青岛市	①医疗护理费定额结算标准：（个人报销比例职工90%，居民70%～80%）家护：50元/天；巡护：1500～2500元/年 ②生活照料费限额支付标准： 居家的：每人每周最多可享受3、5、7个小时的照护服务，每小时按照50元的标准结算，个人负担10% ③针对居家照护费用设计两个结算包 统筹支付包：包括医生的服务、胃管等耗材、药品等，定额包干结算，统筹使用 个人使用包：包括医疗护理、生活照料、功能维护等60个项目，根据个人需要使用，限额结算	①医疗护理费定额结算标准（个人报销比例职工90%，居民70%～80%） 院护：65元/天 失智专区：65元/天 ②生活照料费限额支付标准 入住机构的：需求等级为三、四、五级的，每人每月按照660元、1050元和1500元的限额标准支付，个人负担10%	①医疗护理费定额结算标准（个人报销比例职工90%，居民70%～80%） 专护：180元/天 ②生活照料费限额支付标准 入住机构的：需求等级为三、四、五级的，每人每月按照660元、1050元和1500元的限额标准支付，个人负担10%

续表

试点城市	待遇支付		
	机构上门(含居家个人)	养老机构	医疗机构
湖北省荆门市	全日居家限额 100 元/天,支付比例为 80%;非全日居家限额 40 元/天,支付比例为 100%。	限额 100 元/天,支付比例为 75%	限额 150 元/天,支付比例为 70%
	累计缴费 15 年以上的,待遇水平提高 4%;累计缴费 30 年以上的,待遇水平提高 6%;累计缴费 45 年以上的,待遇支付水平提高 8%;累计缴费 60 年以上的,待遇水平提高 10%		
广东省广州市	生活护理:限额 115 元/天,支付比例为 90%,医疗护理按项限额 1000 元/月,支付比例为 90%	生活护理:限额 120 元/天,支付比例为 75%,医疗护理按项限额 1000 元/月,支付比例为 75%	
重庆市	按 50 元/人/日的标准结算		
四川省成都市	基金支付比例为 75%	基金支付比例为 70%	
	①照护一级的月定额基数为成都市 2015 年城镇全部单位就业人员月平均工资的 50%; 照护二级的月定额基数为 40%; 照护三级的月定额基数为 30% ②缴费年限与支付标准挂钩:15 年 + 每 2 年提高 1%		
兵团石河子市	居家费用:每人每日限额 25 元	定点机构照护:基金支付最高额度为 750 元/月。随参保年限基金支付比例为 50% ~100%; 非定点机构照护:每人每日限额 25 元	
	参保年限 <5 年,支付比例为 50%;5 年≤参保年限 <10 年,支付比例为 70%;10 年≤参保年限 <15 年,支付比例为 90%;参保年限≥15 年,支付比例为 100%		

买以及定制护理服务和护理产品等多种实施路径、方法，在确保基金安全和有效监控的前提下，积极发挥具有资质的商业保险机构等各类社会力量的作用，提高经办管理服务能力”。在具体的经办服务过程中，主要有以下两种模式：一是社保机构负责具体的经办服务；二是以政府购买服务的形式，委托给具有资质的商业保险公司承办[①]，政府社保部门负责监督。从试点城市的经办模式看，吉林省长春市、上海市采取了社保机构负责经办服务的模式，其余试点城市采取委托商业保险公司开展经办的做法。

其中，将经办权委托商业保险公司又分为三种具体方式：①委托具有资质的商业保险公司，例如广东省广州市由商业保险公司承办失能评估的组织及稽核巡查。②从商业保险公司抽调人员，与社保人员合署办公，如山东省青岛市。③将老年长期护理的业务打包委托给商业保险公司，又分为独家承办、多家共同承担的方式，其中独家保险公司承办考虑了整体协同与一致性问题，如湖北省荆门市；在多家共同承担情况下，多家保险公司可在同一片区承担相同的工作（如四川省成都市），有利于政府进行服务比较与考核，或多家商业保险公司按份额服务（如兵团石河子市），充分结合各家保险公司之所长。试点城市经办模式详见表9。

表9　试点城市经办模式汇总

试点城市	经办服务	商保参与模式
河北省承德市	委托商保	独家
吉林省长春市	经办机构负责	—
黑龙江省齐齐哈尔市	委托商保	分片区
上海市	经办机构负责	—
江苏省南通市	委托商保	分片区

① 冯鹏程：《长护险试点精彩纷呈》，《中国保险报》2017年8月23日。

续表

试点城市	经办服务	商保参与模式
江苏省苏州市	委托商保	分片区
浙江省宁波市	委托商保	独家
安徽省安庆市	经办机构负责	独家
江西省上饶市	委托商保	分片区
山东省青岛市	医保为主,委托商保配合经办	配备经办人员
湖北省荆门市	委托商保	独家
广东省广州市	医保为主,委托商保配合经办	分片区(评估与稽核)
重庆市	委托商保	未招采
四川省成都市	委托商保	分片区
兵团石河子市	委托商保	按份额

经办管理方面，各试点城市基本形成了以政府为主导、社会力量参与、专业性团队运营的模式。但在长期护理保险制度更广范围内的推进过程中，仍需重点关注以下问题：①争取实现网上办理全流程的经办服务，保险公司可以在线上对参保人员进行资格审查、失能等级评估、失能护理待遇申请、报销结算等。②需依托信息化智能监管机制，例如指纹采集、图像采集分析、智能穿戴设备监测申请人体征等方式，确保待遇申请、失能等级评定等的真实性和准确性。③加强对参与经办的商业医保公司的监督与管理，确保工作的透明度。

（八）试点成效

《指导意见》下发以来，各试点城市陆续出台了实施意见及配套政策，试点工作稳步推进。经过两年多的发展和完善，长护保险制度运行平稳，取得了明显成效。

一是填补制度空白，建立社会保险的“第六险”。经过试点城市的探索，长期护理保险作为独立险种建设的思路益发明确。各试点城市已基本形成从基金筹集、参保范围、保障对象到待遇支付、基金管理、经办服务等方面较为完整的制度体系，具备了社会保险强制性、互济性、保障性、普遍性、福利性和公平性的特点。长期护理保险制度已成为民生保障的又一有力支点。

二是减轻家庭照护负担，维护失能人员尊严。以吉林省长春市为例，2017 年底长春市城镇居民可支配收入为 33168 元，而入住养护机构全年费用平均为 4 万元左右。长期护理保险制度实施以后，失能人员全年负担费用减少 80%，缓解了失能人员及家庭的经济负担及日常照料负担。

三是缓解医保基金压力，优化医疗资源配置。通过长期护理保险制度政策杠杆的力量，将失能人员从医疗机构逐渐引导至居家和养护机构，有效提高了医疗机构的床位周转率和使用率，降低了医保基金的支付压力，对优化医疗资源配置起到了很大的促进作用。

四是促进医养护理产业发展，带动再就业和精准扶贫。长期护理保险制度的实施，带动社会资本向养老和护理服务产业持续投入。带来养老服务供给侧结构性改革以及拉动再就业的成效显著。湖北省荆门市实施长护险带动护理产业吸引社会投资 3 亿多元，新增 8 家民营企业投资医养产业，新增就业岗位 4500 余个。湖北省荆门市为农村建档立卡贫困人员免费举办护理员培训，上岗人员月工资达 3000 元左右，远超当地脱贫标准。长期护理保险呈现了助力“健康脱贫”“就业脱贫”双效应。

三　案例：青岛长期护理保险试点

（一）背景

为了应对人口老龄化带来的挑战，解决失能人员的长期医疗护理难题，青岛市于 2012 年开始了长期护理保险试点。2015 年，长期护理保险制度扩大到城乡全体参保人。2017 年，在全国率先试点将重度失智人员纳入护理保障范围。2018 年，建立了“全人全责”长期护理保险制度，将基本生活照料纳入职工护理保障范围①，为失能失智人员提供整合式“医养康护防”照护服务。

在青岛长期护理保险制度创立过程中，由于经办力量不足，需要解决两大问题：一是面临人民群众日益增长的护理保险需求，如何提高经办服务效率；二是面临众多护理机构，经办机构如何加强监管。青岛市政府决定采用长期护理保险经办管理的“公私合作”模式，分别于 2015 年 7 月和 2017 年 10 月，两次公开招标保险公司参与经办管理服务。中国人民健康保险股份有限公司青岛分公司（以下简称“经办公司”）连续中标了青岛市职工长期护理保险项目，目前保障人群 270 万人，资金总量超过 4 亿元，标志着保险业承办长期护理保险的新突破，也是保险业深度参与保障和服务民生的新探索。

（二）创新做法

1. 充分发挥专业优势，持续推进青岛长期护理保险政策升级

在青岛长期护理保险 4 次升级过程中，经办公司都主动作为，充分发挥专业优势，持续参与制度升级工作。2012 年，参与青岛市长期护理保险制度设计、护理保险初期运行情况调研工作；2015 年，参与城乡统筹制度设计、数据测算、实地调研等工作；2017 年，参加赴上海及成都护理保险调研工作组，系统学习生活护理保障政策，并参与失智专区试点单位的管理和经办服务；2017 年 3 月起，参与了长期护理保险新制度出台前“青岛市长期照护需求等级评估”及“长期照护保险服务内容、服务规范、支付形式及支付标准研究”两个课题的研究、评估标准确定前的试评估工作，这也是新制度的核心

① 刘卫国、刘林瑞、张雅娟：《青岛市全人全责长期护理保险的实践探索》，《中国医疗保险》2019 年第 3 期。

内容。2018 年 4 月 1 日，《青岛市长期护理保险暂行办法》正式实施，将基本生活照料纳入职工护理保障范围，实现了从“医疗护理”向“医疗护理 + 生活照料”保障模式的升级。

新的长期护理保险制度围绕“全人全责”服务理念，充分考虑不同家庭失能失智老人的多样化、多层次需求，设计了“4 + 3”护理服务形式，精准解决他们的现实需要。针对完全失能人员设计了“专护”、“院护”、“家护”和“巡护”4 种服务形式。针对重度失智人员实行“失智专区”管理，设计了“长期照护”、“短期照护”和“日间照护”3 种服务形式[①]。在生活照料保障方面，职工参保人可以享受全方位的生活照料服务，生活照料共确定了 60 项具体的项目。其中，吸痰护理等基本护理 25 项、洗澡等基本生活照料 17 项、吞咽训练等功能维护（康复训练）15 项，药物管理与指导等其他服务 3 项[②]。同时，政策还强调失能失智预防，在保基本的基础上，将保障关口前移。每年从职工和居民护理保险基金中分别按不超过 1% 的比例划取（约 1000 万元），建立专项资金，主要针对半失能、轻中度失能失智人员以及羸弱等高危人群，以项目形式提供身体机能训练和指导（如吞咽训练、肌力训练、防跌倒等），旨在延缓失能失智，压缩失能失智时间[③]。

2. 以标准化、专业化的照护需求等级独立评估工作为基础，打造长期护理保险评估（鉴定）服务管理平台

在独立经办模式下，社保部门充分授权，仅负责业务指导和服务监督，涉及评估工作的经办服务全过程均由保险公司独立承担，包括

① 刘卫国、刘林瑞、张雅娟：《青岛市全人全责长期护理保险的实践探索》，《中国医疗保险》2019 年第 3 期。

② 薄克国：《青岛全国首创“全人全责”长期护理险》，《大众日报》2018 年 3 月 17 日。

③ 朱颖：《全国首创！青岛将基本生活照料纳入职工护理保障范畴》，青岛新闻网，http://news.qingdaonews.com/qingdao/2018－03/16/content_20108163.htm。

独立拟定评估流程和管理制度、独立配置工作岗位、自行配备办公设备、自行安排日常评估工作、自行开展业务培训、自行完成业务档案管理、独立承担政策咨询和信访工作、独立接受外界监督等，进一步增强了经办公司对项目风险的管控力度。

为做好标准化、专业化的独立评估工作，经办公司以打造行业评估服务管理平台为目标开展准备工作：一是精心抽调评估人员，从现有团队中筛选医学相关专业、学历水平高、医保经办从业时间长、综合素质高的人员组建专门评估队伍。二是合理配置办公设备，满足独立评估需求，如办公车辆、执法记录仪、评估工作手机、投影仪等。三是科学调配、严格管理。根据业务分布特点，在市社保局、李沧区、西海岸新区分别设立评估小组。建立科学合理的评估工作流程，完善相关管理制度，接受青岛社保部门指导，接受参保人监督。四是加强业务培训，持证上岗。所有评估人员均通过青岛社保部门和长照协会组织的业务培训，取得评估资格。经办公司每月开展集中培训，每周开展评估案例讨论，聘请医学专家提供评估指导，评估人员专业能力明显提高。

3. 以资格评定和监督稽查为抓手，多方位把控资金风险

一是严格资格鉴定和准入，一方面对护理对象的资格鉴定和准入进行严格把关，在对护理服务申请人进行照护需求等级评估时，实施100%现场资格审核；另一方面，对护理服务提供机构的资格和准入也进行严格把关，依据护理服务协议，建立对护理服务提供机构的动态考核机制，实现优胜劣汰。

二是创新付费方式，引入定点包干、绩效考核支付的付费机制，强化护理服务的费用管控。医疗费用包干标准包括以下几方面，专护：三级医院210元/天，二级医院180元/天，气管切开病人300元/天；院护：65元/天；家护：50元/天；巡护（职工）：2500元/年。[①] 生

① 易春黎：《青岛市长期护理保险试点成效显现》，《中国保险报》2018年9月11日。

活照料费用支付标准包括以下几方面：入住定点护理机构的参保人（享受专护、院护、巡护机构待遇）根据参保人的评估等级，护理保险资金每月支付限额标准分别是三级 660 元（22 元/天）、四级 1050 元（35 元）/天、五级 1500 元（50 元/天）；办理家护、巡护（居家、卫生室）按照评估等级每周可以享受不同时长的生活照料服务，三级（3 小时）、四级（5 小时）、五级（7 小时）。按照每小时结算标准 50 元执行（含个人自付），不足半小时的按照半小时 25 元执行。

三是依托移动智能系统，强化护理服务过程管控。引入移动医疗护理 App 并与医疗保障局一体化信息平台进行数据对接，在完善经办服务流程、提高服务效率的同时，通过 App 智能监管、GPS 定位、指纹识别等，对护理机构提供的服务情况实时监控，保证服务及时提供、服务到位①。

4. 以标准化指引项目管理升级，构建长期护理保险制度体系

为满足保障内容升级和经办服务升级需要，经办公司构建了符合青岛评估工作实际的标准化管理制度体系。青岛长护项目制度体系涵盖业务管理、培训管理、人员管理、基础管理、政策体系、评估工作整体要求六大方面，并配备全流程的管理制度体系，包括相关管理制度、业务操作流程、标准化操作指导手册等。

（三）成效

1. 缓解了失能老人护理难的社会问题，保障了老年失能人员医疗护理权益

长期护理保险制度建立以来，青岛市累计已有 5 万余名失能老人享受护理保险待遇，平均年龄 83.1 岁，累计支出护理保险资金 15 亿

---

① 易春黎：《青岛市长期护理保险试点成效显现》，《中国保险报》2018 年 9 月 11 日。

元，累计为失能失智人员购买照护服务2504多万天[①]，1万多名老人有尊严地走完了生命的最后旅程，多数从ICU下达病危通知转入护理机构的老人，平均在床延长生命310天，有效缓解了失能老人护理难的社会问题，保障了老年失能人员医疗护理权益。截至2018年9月，青岛长护项目累计支付赔款7.93亿元，惠及参保职工近20万人次，取得了明显成效，得到政府和社会各界的广泛认可。

2. 降低了患者家庭护理负担，减轻了医疗保险基金的支付压力

随着护理保险制度的建立，失能老人从医院转入社区接受长期护理，每天人均费用77.6元，人均个人负担8.3元，定点护理机构平均床日费用仅为二、三级医院的1/20，患者个人负担人均床日费用仅为二、三级医院的1/77，患者家庭护理负担大幅减轻，同时也显著降低了医保基金的整体支付压力。同时，护理保险结算采取了“定额包干，超支不补”的办法，引导定点护理机构提供适宜、适度的医疗护理服务，进一步避免过度医疗和护理。

3. 提高了长期护理保险经办效率，提升了护理资金使用效益

经办公司承办长期护理保险项目以来，依托专业健康险公司的技术优势和服务能力，提高了经办服务效率和风险管控能力，也提高了护理资金使用效益。自项目独立评估以来，经办公司对长期护理保险待遇申请人进行100%现场评估，并依据评估待遇等级享受不同等级的服务保障，守住了长期护理保险基金管控的首要关口。截至2018年9月30日，累计受理职工长护等级评估（新增及重新评估）4800余人次，完成现场评估、综合评估4500余人次。

据青岛市社保局统计，2015年8月至2017年12月，经办公司通过审核筛选出不符合护理保险准入条件的人群，累计节约职工护理资

① 刘卫国、刘林瑞、张雅娟：《青岛市全人全责长期护理保险的实践探索》，《中国医疗保险》2019年第3期。

金1800余万元。据不完全统计，2018年4月开展独立评估工作以来，新申请人群护理资格准入通过率约94%，预计2018年可节约职工护理资金500万元以上。

4. 有力促进了定点护理机构发展，完善了多层次护理服务体系

长期护理保险制度的实施，建立了稳定的资金来源，在支付政策的有效引导下，青岛市的社会养老护理机构得到较快发展，越来越多的社会力量投资养老护理机构发展。目前，青岛护理服务机构发展到689家，护理保险服务平台基本形成。带动了创业就业，目前从事照护服务专业照护人员保守统计约1.5万人（不含机构检验人员、会计以及行政、后勤等人员）。而“全人全责”新型护理保险制度的实施，也将促进医疗、养老、家政服务业等资源的深度整合，改变目前护理服务市场服务碎片化的现状。

四　国内长期护理保险业务发展趋势

通过对政策与市场现状的简要梳理，结合国际趋势和我国国情，可以对我国未来长期护理保险市场做出相应趋势研判。

（一）从政策方面来看

一是“政府主导、保险公司经办”是未来我国长期护理保险的主要运行模式。人力资源和社会保障部《指导意见》明确指出，“可以探索委托管理、购买以及定制护理服务和护理产品等多种实施路径、方法，在确保基金安全和有效监控的前提下，积极发挥具有资质的商业保险机构等各类社会力量的作用，提高经办管理服务能力”。各试点城市医保管理部门跳出了政府负责经办管理的老思路，转变政府职能，深化简政放权，借助保险公司的专业化力量和市场化机制，打造了有中国特色的长期护理保险“公私合作制（PPP）”。

二是未来我国将逐步构建起以基本长期护理保险为主体，以商业长期护理保险为补充，其他长期护理救助保障制度为托底的长期护理保障体系。基本长期护理保险在我国社会保障体系中将成为独立的险种，同样遵循广覆盖、保基本、兜底线的原则。在此基础上，商业长期护理保险将致力于满足人民群众多样化的长期护理保障需求，成为必要的补充。

（二）从市场方面来看

一是长期护理保险市场潜力巨大，有望成为保险公司新的业务增长极。以试点城市筹资水平测算，预计全国长期护理保险市场空间将超过1500亿元；更乐观一点预测，按照国际上成熟市场长期护理服务费用占GDP 1%～2%的平均标准测算，市场空间有望超过9000亿元。

二是专业技术优势和护理服务资源整合能力将成为保险机构获取市场的主要竞争优势。不同于医疗保险，长期护理保险对各级政府而言是新生事物，对行业本身来说也相对陌生。因此，在未来长期护理保险经办市场的竞争过程中，谁能为政府提供更多、更专业的包括制度设计、精算定价、失能等级鉴定、服务需求评估、护理服务管理、经办与服务质量管理以及信息化建设等方面的咨询与帮助，并将政府筹集来的资金更高效地用到失能人员护理服务上，提升参保群众获得感，谁就有可能在这个市场中获取更大的市场份额，赢得更好的民众口碑，这与成熟的大病保险等市场有很大的不同。

五　发展建议

（一）完善顶层设计

由全国人大牵头成立长期护理保险立法研究小组，总结我国长期护理保险制度试点经验，借鉴荷兰、日本和德国等发达国家经验，可以考虑在“公私合作制”的基础上建立普惠性的基本长期护理保险制度。一方面，强制参保，法定参保年龄可以定在40岁及以上，主要体现“保基本、广覆盖”。考虑到老年疾病具有地域特征，采取市（地区）级统筹方式，同时建立省级风险平衡基金。另一方面，基本长期护理保险由保险公司经办管理，遵循非营利原则，在政府引导下，发挥市场化和专业化优势，提高经办管理水平，管控不合理的护理费用，提升护理服务的性价比。

探索建立集可持续性、公平性于一体的基本长期护理保险筹资机制。目前试点地区的基本长期护理保险基金来源于政府基本医保基金，考虑到人口老龄化、高龄化以及医疗费用上涨，基本医保基金面临较为严重的支付压力，目前的筹资安排难以持续。因此，有必要建立独立的基本长期护理保险筹资渠道，以独立稳定的资金来源保障疾病长期护理保险可持续发展，并且有效区分长期护理保险与医疗保险不同的政策目的、保障范围及支付标准的差异。

鼓励发展补充性的商业长期护理保险，满足人民群众多样化、多层次的护理保障需求，增强人民群众对老年生活的安全感。参照个人税收优惠型健康保险，对单位和个人购买补充长期护理保险予以税收优惠。充分发挥健康保险业的支付方功能，平衡好老年护理市场各方参与主体之间的利益，实现多方共赢。发挥保险资金规模大、长期可持续等特点，为老年护理产业发展提供长期资金支持。保险公司可以通过权益投资、老年护理产业基金投资、债权融资等多种方式，聚集社会资本，构建“开放、互联、智能、高效”的老年护理生态圈，带动医养结合、老年护理产品制造业、老年住宅业、护理培训业等发展[①]。

鼓励老年护理服务产业发展，繁荣银发经济。老年长期护理服务

---

① 《宋福兴：发挥专业优势建立完善长期护理保险制度》，人民健康网，http://health.people.com.cn/n1/2017/1126/c14739-29668209.html。

既不同于养老服务，也不同于医疗机构内的护理服务，而是介于两者之间，旨在为失能、半失能人群提供维持身心机能的护理服务。为对老年长期护理服务现状进行摸底，中国人民大学、北京大学医学部两大研究团队联合完成的《我国典型地区养老及服务机构一线从业人员服务能力调查报告》结果显示，在养老机构管理中存在服务人员绝对数量不足、从业人员素质偏低、年龄偏大、用工制度规范缺乏、信息化系统缺失等诸多问题，因此，有必要以财税政策等支持老年护理服务产业发展。重点支持社会急需的护理人才专业培训业、家庭或社区护理服务业、护理技术和设备制造业的发展。

（二）完善长期护理保险相关技术标准和制度规范

第一，建立全国统一的失能等级鉴定标准。目前试点城市的失能评估工作中普遍存在的问题是缺乏统一的评估标准。大部分试点城市采用巴氏指数量表作为失能评估依据。然而在试点城市推进过程中普遍发现，巴氏指数量表存在标准粗放、易受外部因素影响、评级结果与实际需求不对应、评估结果与服务提供无法衔接等问题或局限性。上海市、四川省成都市等城市开发了本地失能评定工具，然而评估维度和权重的差异导致评估结果无可比较性，评定工具有地域性限制。

建立全国统一的失能鉴定标准，一是有利于提高长期护理保险精算定价和筹资的准确性，使得长期护理保险的经营管理建立在科学的基础上；二是有利于提高护理服务供给的标准化水平和生产率，实现“规模积极”。

建议由相关部委牵头，通过标准化路径，形成全国统一的失能等级评估标准，以保证长期护理待遇评定的科学性和权威性。中国社会保障协会已牵头研发出基于国际功能、残疾和健康分类（ICF）的失能等级评估标准，可资借鉴。

第二，制定长期护理保险的精算标准。可以在国家医疗保障局和中国银保监会的指导下，由中国精算师协会负责研发。

第三，制定护理服务标准。虽然大部分试点城市发布了长期护理保险服务项目，响应了《指导意见》制度构建的整体要求，但均未具体说明每项服务的内容和标准。规范性长期护理保险服务项目内容和标准的缺失，将阻碍失能护理服务标准的完善，甚至影响护理服务行业的规范发展。建议由相关部委牵头，形成全国统一的老年长期护理服务标准，以保证长期护理给付的科学性。

（三）推动数字科技在老年护理产业中的应用

《中国老龄事业发展报告 2013》数据显示，2013 年我国失能老年人规模为 2750 万人，预计到 2050 年失能老年人数量将增加至 1 亿。失能人群数量将不断攀升、高龄老年人失能程度不断加重，未来长期护理保险市场体量难以准确预估，需要巨大的人财物投入。因此，只有通过科技手段，实现从人员准入、待遇申请、失能等级评估、服务提供、费用审核结算拨付等全链条的网络化管理，并利用大数据技术对核心环节进行挖掘分析、迭代优化，才有可能确保长期护理保险制度高效率、高质量地落实。

国内已经出现由保险公司开发完成的一体化长期护理保险智能管理平台“泰照护”等一体化老年长期护理保险智能管理平台，连接了运行过程中的政府、服务机构、参保人、保险公司四大主体，在同一平台上实现了经办管理、服务管理，涵盖保险经办、需求评估、健康管理、机构护理服务、服务监管、大数据支持等多项功能，并通过参保人、评估人员、护理人员、经办稽核人员等相应人员版本的移动 App，大幅提升了工作效率和质量。

建议由国家发改委牵头，工信部、国家卫生健康委员会、国家医疗保障局和国家银保监会参加，制定数字科技在老年护理产业的应用规划，提高老年护理服务生产率和供给能力。

制度创新篇

Institutional Innovation Reports

B.5

"健康黄骅"基层医改样本

阎建军　陆明涛*

摘　要： 2009 年新医改方案发布后，我国迅速建立了覆盖近 14 亿人的医疗保障安全网，推进基本公共卫生服务均等化，提升了医疗服务的可及性和公平性。但是，在机制建设上仍需进一步探索，正如《"健康中国 2030"规划纲要》指出要"清除体制机制障碍"。"健康黄骅"基层医改赋予家庭医生"提供健康管理服务，提供基本医保控费服务"两项新职能，逐渐触及一些深层次的体制机制问题，并着手构建长效机制。报告的宗旨在于"解剖麻雀"，明晰"健康黄骅"基层医改机

* 阎建军，中国社会科学院金融研究所副研究员，研究方向为健康保险与医药卫生体制改革；陆明涛，首都经济贸易大学经济学院副教授，研究方向为健康经济学。

理，推动模式进一步成熟。

关键词： 健康中国 “健康黄骅” 基层医改 家庭医生

一 “健康中国”建设亟待解决的问题

（一）医疗体系不适应“以人民健康为中心”的政策目标

中共中央、国务院印发的《“健康中国2030”规划纲要》确定了“以人民健康为中心”的政策目标，针对的是全人群健康，包括急性病患者、慢性病患者、健康与亚健康人群在内。

从我国疾病谱的变化看，根据2013年公布的《第五次国家卫生服务调查分析报告》对15岁及以上人口调查结果，按患病人数计算的居民慢性病患病率为24.5%。当年15岁及以上人口数量11.37亿[①]，据此可推算出慢性病患病人数达到2.79亿。按照疾病类别分析慢性病患病率，处于前五位的分别是高血压、糖尿病、椎间盘疾病、脑血管病和胃肠炎。与2003年比较，慢性病患病率上升了9.2个百分点（见图1）。

慢性病无法用药品和手术等传统医疗手段来治愈。“以疾病为中心的诊治模式”假定致病微生物和营养素缺乏等生物学因素是唯一的“病因”，而弗兰明汉心脏研究报告、杜尔和希尔的吸烟和肺癌关系研究、1974年加拿大政府的拉龙德（Lalonde）报告等现代医学研究证明，影响健康的非生物学因素越来越多，在健康—疾病的动态平衡关系中越来越重要（黄建始，2009）。

① 《中国统计年鉴2018》。2013年全国人口为13.6亿，15岁及以上人口占比为83.6%。

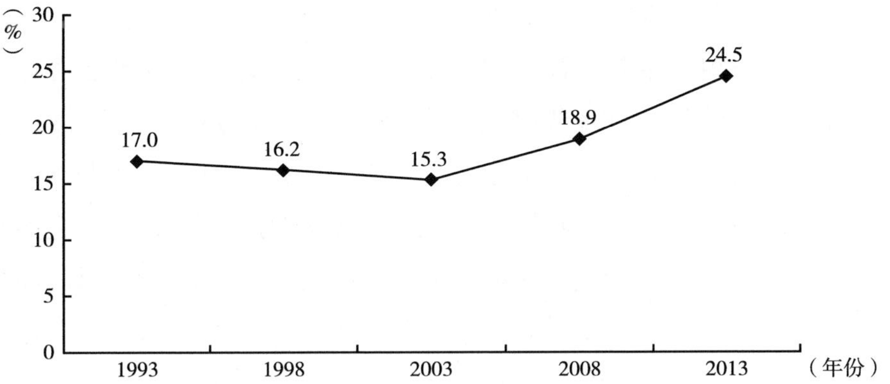

图1　按患病人数计算的居民慢性病患病率

数据来源:《第五次国家卫生服务调查分析报告》。

慢性病基本上是生活方式病，只有借助有针对性的健康管理服务，才能对其加以预防和控制。按照中华医学会健康管理学分会的定义，健康管理是针对慢性非传染性疾病早期或康复期人群、健康人群以及亚健康人群，以健康促进为目的，采用健康评估等手段，着重进行健康风险因素的干预和慢性非传染性疾病的管理，强调"病前主动防，病后科学管，跟踪服务不间断"①。

目前，我国的基层医疗机构（乡镇卫生院和社区卫生服务中心），以及二级和三级医疗机构，还是"以治疗为中心"，不能适应我国疾病谱的变化，也不能有效地为健康人群以及亚健康人群提供健康管理服务。原因如下。

对于二级和三级医疗机构而言，医生绩效考核仍然采取的是按服务数量收费，和绩效挂钩的是基于处方量、检查量和手术量等各类治疗收入以及药品、耗材和检查等提成收入。医生缺乏主动提供包括疾病预防、生活方式干预等健康管理服务的激励，这些服务的定价低于

① 健康保健定义参见中华医学会健康管理学分会、中华健康管理学杂志编委会《健康管理概念与学科体系的中国专家初步共识》,《中华健康管理学杂志》2009 年第 3 期。

成本，往往被医生忽略[①]。

对于以乡镇卫生院、社区卫生服务中心为主体的公立基层医疗机构而言，实施的是“收支两条线 + 财政发放医生薪酬”的制度，即基层医疗机构的所有业务收入全部上缴财政专用账户，其所有支出由政府主管部门核准后由财政统一支出[②]。这种做法实际上是在奖懒罚勤，吃“大锅饭”，导致基层医生的工作积极性下降，一方面，加重了看病难问题，病人被推诿到二级医院或者三级医院，患者更多地挤到上一级医院看病[③]；另一方面，干多干少一个样，基层医疗机构人才流失，基层医生缺乏主动提供健康管理服务的激励，导致基层医疗机构健康管理服务供给不足甚至缺失。

可以看出，医疗服务的定价问题，导致了各级医疗机构健康管理服务供给不足甚至缺失。

（二）医药费用膨胀

医药费用膨胀，除了指一国医药费用绝对数的持续增长之外，还包括在 GDP 中占比的持续上涨。我国卫生费用占 GDP 比重，从 1978 年的 3.02% 增长到 2017 年的 6.2%（见图 2）。

政府在我国医疗资源的配置当中发挥主导作用，从政府机制的角度分析医药费用膨胀的原因，包括两方面：一是政府对医疗服务的价格管制有待改善，二是政府基本医保支付方式改革试点举步维艰。

第一，政府对医疗服务的价格管制有待改善。2017 年，我国县级及县级以上公立医院从各级财政获得的补助收入仅占医院实际运营收入的 8.22%（见图 3），医院其余收入主要依靠医院自身的医

① 世界银行集团、世界卫生组织：《深化中国医药卫生体制改革——建设基于价值的优质服务提供体系》，2016，第 71 页。

② 朱恒鹏：《管制的内生性及其后果》，《世界经济》2011 年第 7 期。

③ 朱恒鹏：《管制的内生性及其后果》，《世界经济》2011 年第 7 期。

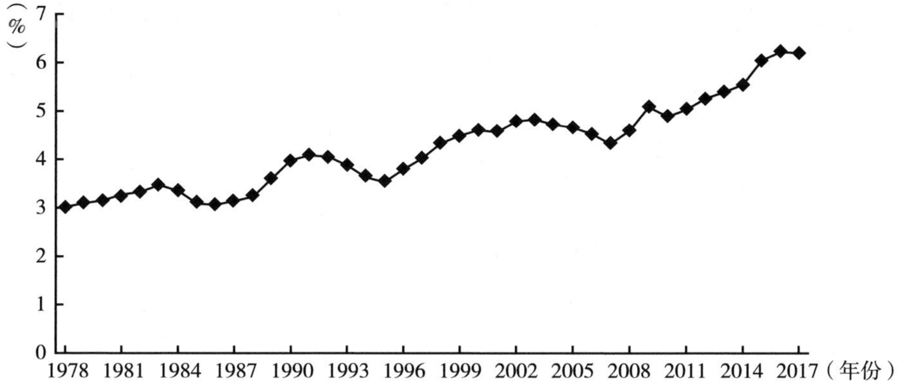

图 2　我国医药总费用占 GDP 比重

注：这里的医药总费用源自《中国统计年鉴 2018》中的卫生费用。

疗服务活动获取。但是，公立医院医疗服务收费实行严格的政府定价，其价格水平远远低于医疗服务的成本，价格不能反映医疗服务价值。与此同时，政府对于药品、医用耗材、大型医疗设备检查和检验的使用很难进行精准的管理，政府管住了医疗服务的价格，却管不住服务项目的数量，于是医院和医生把药品、医用耗材、大型医疗设备检查和检验的收入作为主要收入来源，获得收入的方式是药品、医用耗材、大型医疗设备检查和检验的回扣和加成，这就是"以药养医""以耗材养医"等补偿机制形成的原因。其负面影响有两方面：一是导致药品、医用耗材和医疗设备的虚高定价，药品、医用耗材和医疗设备的生产厂家依靠给予医生回扣和给予医院折扣来促销其产品。值得注意的是，平价药品（医用耗材和医疗设备）由于回扣和折扣较少，将被医院（医生）拒之门外（朱恒鹏，2011）。二是大处方、滥用高值耗材以及过度检查检验等行为较为普遍，导致药品销售额、医用耗材和检查检验项目使用量的增长[①]。

① 张振忠等：《全国按疾病诊断相关分组收付费规范的总体设计》，《中国卫生经济》2017 年第 6 期。

上述机制带动了医药费用飞速上涨，人民群众的医药费用负担日益加重。

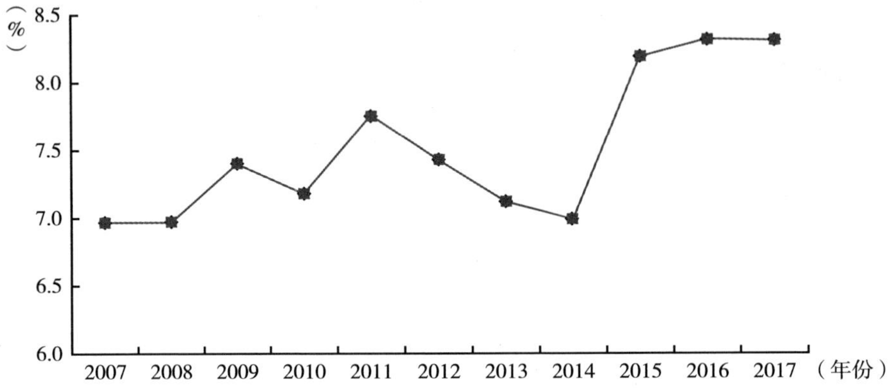

图 3　县级及县级以上公立医院财政补助收入在医院总收入中的占比

数据来源：《中国统计年鉴 2018》。

第二，政府基本医保控费职能难以落实，支付方式改革试点举步维艰。为了遏制基本医保基金支出过快增长势头，稳定医保保障水平，近年来，一些地方开展了总额预付、按疾病诊断相关分组付费（DRGs）等改革试点。就总额预付支付方式改革来说，医保双方并非对等谈判，政府医保经办机构没有必要充分考虑影响预付金额的各种因素①，往往借助政府行政权力，医保经办机构给医院定指标，医院据此层层下达指标，超支由医生垫资，尤其是在每年第四季度出现超支时，医生往往会把病人的相关治疗推迟至来年，显然，当总额预付额度难以准确估算时，会带来医疗质量下降等负面效果。推行按疾病诊断相关分组付费（DRGs），至少需要三个条件：一是政府医保

① 比如参保人员就医分布以及费用支出水平，定点医疗机构服务内容、服务能力以及所承担医疗保险服务量，以及经济社会发展、医疗服务提供能力、适宜技术服务利用、消费价格指数和医药价格变动等因素。

机构对医疗服务的精细化的过程管理，防止出现“高编码”（Upcoding）和“住院分解”（Unbundling）等问题。二是政府基本医保机构和医疗机构的精细化谈判。三是医院配合做好疾病编码管理以及编码员配备。上述三个条件很难满足，症结之一在于基本医保经办机构作为财政拨款事业单位，缺乏实施上述“精细化管理”和“精细化谈判”的动力，为此，有专家呼吁政府基本医保经办机构“法人化”。

（三）问题的症结：现代医疗市场机制缺失

如果把政府对医疗服务的价格管制看作直接定价，把政府基本医保基金对医疗服务的支付看作间接定价，那么，可以认为，政府定价机制既是各级医疗机构健康管理服务供给不足甚至缺失的原因，也是导致医药费用膨胀的原因。

随之而来的问题是，靠传统医患双边市场机制能否解决上述问题？分析问题的逻辑起点是医疗服务交易的特殊性。

医疗市场的供需双方分别是医生和患者，但是，医患双方无法通过签订医疗服务合约的方式进行交易，因为医疗服务的结果是不确定的（Arrow，1963；松本恒雄，1998），即使表面上看起来是普通感冒，医生也不能承诺一定会治愈。

医患双方不能在医疗服务合同中约定医疗服务的结果，即使患者可能因为疾病没有治愈或者没有找到病因而对交易结果不满意，但不能以此投诉医生违约。医疗服务合同的给付义务属手段义务，对其不完全履行，无法从结果上判断，只能从过程是否符合标准上判断（韩世远，2005）。

医患双方交易的是符合一定标准的医疗服务，由于双方专业知识和能力差距较大，医生在标准界定的范围内，引导患者选择诊疗方案。

患者是消费者，然而，由于不能根据医疗服务的结果来签约进而客观判断医生是否违约，也不熟悉医疗服务标准，难以成为严格意义上的购买方。

在应对医疗服务结果的不确定性时，买卖双方签约时要界定医疗服务的标准，购买方要能够在事前理解医疗服务的标准，还要有能力在事中和事后对医疗服务提供方的诊疗行为是否符合医疗服务的标准进行评估。另外，虽然患者个体医疗服务结果具有不确定性，难以客观评价，但是，购买方要能够基于大数法则和循证医学，在统计意义上，对患者人群的医疗服务结果进行评价，常用的包括治愈率、手术后 N 年存活率、健康指标达标率等。

在医疗服务的购买方满足上述条件时，市场价格机制才能发挥效用，实现医疗服务的优质优价、优胜劣汰。一般患者显然达不到上述要求。

为了解决医疗服务交易的特殊性带来的购买难题，20 世纪 70 年代以来，有关国家开始了建立现代医疗市场制度的探索，夯实医药卫生体系有效运行的微观基础。

现代医疗市场制度框架初步成型于美国 1973 年的医改法案——健康维护组织法案（Health Maintenance Organization Act），从 20 世纪 90 年代初以来，德国、瑞士、荷兰和英国等国家也开始推动建立现代医疗市场制度。

现代医疗市场的机理可以用三边医疗市场模型表示（见图 4）：一是引入第三方购买人，把医疗服务的最大支付方——基本医保基金民营化，民营保险机构作为基本医保基金的经办方，在医疗市场扮演第三方购买人的角色。二是医疗服务的使用方和购买方分离，医生、居民和民营保险机构分别是医疗服务市场的提供方、使用方和购买方。居民缴纳基本医保保费作为预付医药费，当看病时获得民营保险机构的赔付。三是民营保险机构作为医疗服务的购买方和主要支付方，负责和医院（医生）协商并签订医疗服务合同，监督并评估医疗服务合同的执行情况①。

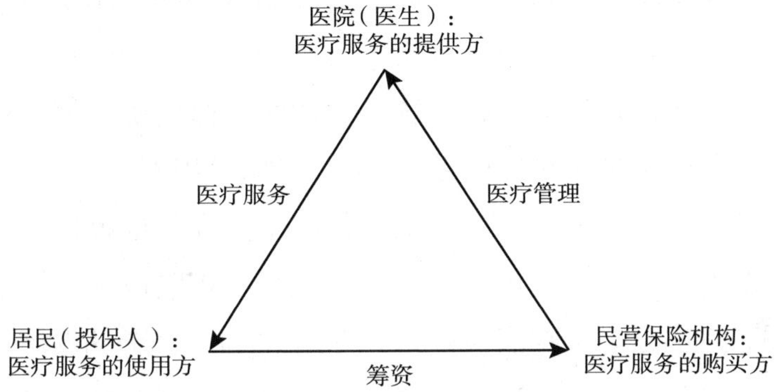

图4　三边医疗市场模型

现代医疗市场价格形成机制的关键，民营保险机构作为第三方购买人，具备四方面的博弈能力。

一是依据医疗服务标准交易的能力。民营保险机构通常雇用医疗专业人员从事核保、理赔、医疗服务合同签约谈判、医疗服务过程管理和家庭医生“守门人”的工作。上述专业人员理解医疗服务的标准，有能力与医疗机构达成可执行的医疗服务合同，能够依据标准对医疗服务实施精细化的过程管理，对医疗服务提供方的诊疗行为是否符合医疗服务的标准进行评估。

二是基于大数法则和循证医学，对患者人群的医疗服务结果进行评价。国际大型民营保险机构拥有强大的医疗数据收集分析工具以及消费者医疗数据库。比如，美国恒诺保险集团建立了专门的医疗信息管理系统和分析引擎，它每天检查数百万患者的几十亿个临床医疗数据点，给参保人、医疗服务提供方和支付方提供实时的临床医疗观察

① 阎建军：《国际基本医疗保障制度改革趋同：对“第三条道路”的解析》，《金融评论》2013 年第 3 期。

分析，基于循证医学，发现医疗服务指标差距、药品安全警报和其他关键的临床医疗健康问题，以改善医疗服务结果（Humana，2018）。医疗信息管理系统有多样用途，其中，理赔数据库可用于对各医疗机构的服务及药品价格进行对比分析，发现性价比高的医疗机构；医疗专家系统和临床医疗决策支持系统可帮助临床医生确定哪些疗法和药品可以对患者产生高性价比的效果（阎建军，2013）。

三是解决了激励兼容问题。民营保险机构在帮助投保人减少不必要的医疗支出的同时，也可以降低健康保险的理赔成本，从中获得收益。政府部门难以对医疗服务进行精细化的过程管理和精细化谈判，因为政府部门自身也面临激励不兼容、对患者需求变动不灵敏、政府决策多目标等问题①。

四是经办基本医保，成为有财务影响力的购买方。以美国为例，对于不能参加政府医保计划的广大美国公民，美国健康保险业承担了其中约2亿人的基本医保。除此之外，还承接了政府基本医保运营。例如，在联合健康、安森、安泰、恒诺这四家美国大型健康保险集团保费收入构成中，2015年，经办政府医保业务保费收入占比分别为59.88%、52.05%、44.38%和78.81%，并且在2013~2015年，经办政府医保业务保费收入占比都在逐年攀升。

小结：现代医疗市场机制在我国是缺失的，根源是医疗市场存在第三方购买人缺位，缺乏合格的第三方购买人与医疗服务供给方进行价格博弈。政府只好承担医药定价并承担对医疗服务的评估与监督等功能，但是由于政府机制种种制约，很难灵活准确地定价以反映市场供求条件变化，对医疗市场的直接影响是，医生合法的阳光收入长期严重低估，产生两方面的后果：一是健康管理服务供给不足，各级医

① 阎建军：《国际基本医疗保障制度改革趋同：对“第三条道路”的解析》，《金融评论》2013年第3期。

疗机构缺乏“病前主动防，病后科学管，跟踪服务不间断”的激励，导致慢性病比例持续攀升；二是过度医疗，通过大处方、滥用高值耗材以及过度检查检验等低效又浪费的方式获取体制外的收入。二者都成为推动医药费用膨胀的原因。

二 “健康黄骅”基层医改的机理分析

（一）改革的路径：“健康黄骅”建设为什么从基层医疗改革着手？

启动最初的改革需要突破的障碍颇多，要在政治上可行和实践中可操作，至少需要满足三个条件。第一，改革给劳动者、微观单位和社会带来收益，才能形成发动改革的基本动机，即所谓的激励相容和满足参与约束。第二，这一改革不与任何其他社会群体的利益直接抵触，即所谓的帕累托改进。第三，这一改革潜在地发动起一个关键的变革齿轮，由此推动逻辑链条上其他领域的改革①，也就是能够“以点带面”。

“健康黄骅”建设从基层医疗改革着手，满足了启动改革需要的上述条件。

第一，以增量做突破。改革的启动是在现有利益格局上做加法，以太平洋人寿保险公司捐赠的150万元基金作为家庭医生绩效奖励启动基金，三个基层医院参与改革试点可以获得正收益，基层医院的分配机制透明，家庭医生提供健康管理服务时，多劳多得。

对于推动改革的黄骅市政府来说，基层医改的政治和经济效应日益显现。黄骅基层医改赋予了家庭医生“管健康”和“控费用”两

① 蔡昉：《中国改革成功经验的逻辑》，《中国社会科学》2018年第1期。

项职能，具体来说，就是家庭医生“提供健康管理服务”和“管控不合理的医疗费用”。从赋予家庭医生两项新职能入手，一是把“健康中国”战略当中“以人民健康为中心”的政策目标落实到家庭医生的职责上；二是家庭医生无论是进行慢性病管理，还是管控不合理的医疗费用，都有望起到缓解政府基本医保基金“入不敷出”压力之效。仅以糖尿病而言，德国学者的研究表明，通过慢性病管理，2型糖尿病患者糖化血红蛋白降低每1%可以导致平均572欧元的费用节省①。值得注意的是，在改革的启动阶段，政府还没有碰到阻力。因此，政府总的判断是，改革的收益要高于改革的成本。

第二，基层医改没有触动县域二级医院和沧州市三级医院的利益。启动阶段，基层医改的重点是鼓励家庭医生提供健康管理服务，基层医院健康管理服务业务规模扩大与二级、三级医院没有形成竞争，后者是以治疗为中心。

即使对于2019年即将实施的授权家庭医生审核基本医保费用账单和病历，也只是规范二级、三级医院的诊疗行为，而非基本医保支付方式的巨大改变。鉴于黄骅市健康医疗大数据中心已建立电子病历数据库，完成了全医疗机构数据采集与上传工作，二级医院的诊疗行为已经较为透明，相比其他地方，更容易配合来自家庭医生的外部监督。

第三，黄骅基层医改潜在地发动起一个关键的变革齿轮。随着家庭医生“管健康”和“控费用”两项职能的落实，势将“自下而上”带动医疗服务体系和医疗保障体系链条上其他领域的改革，机理试述如下（见图5）。

① Kurt Fortwaengler etc, Description of a New Predictive Modeling Approach That Correlates the Risk and Associated Cost of Well-Defined Diabetes-Related Complications With Changes in Glycated Hemoglobin (HbA1c). Journal of Diabetes Science and Technology 2017, Vol. 11 (2) 315 - 323.

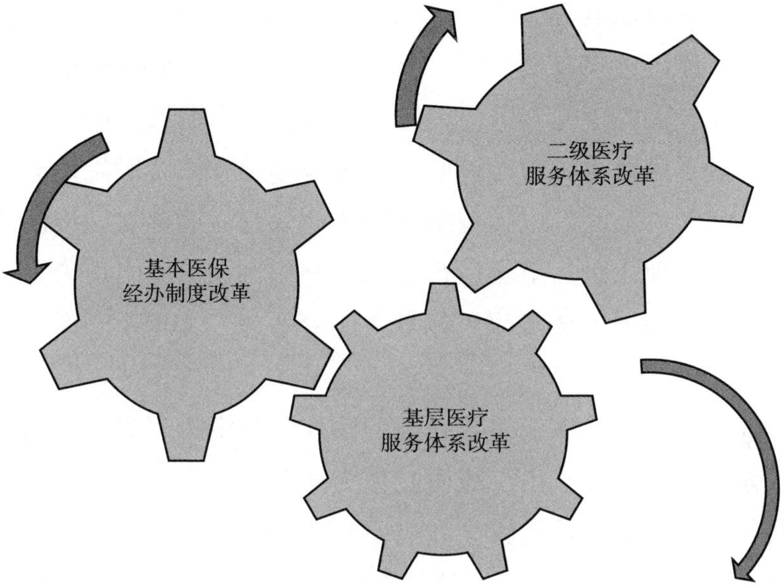

图5　黄骅基层医改机理

赋予家庭医生“控费用”职能，带动基本医保经办制度改革。家庭医生开始事前、事中和事后全周期介入患者的就医过程，能够成为政府基本医保控费的帮手。但是，政府管理体制难免有些僵化，不适应和家庭医生共建基本医保基金控费的收益分享机制，不适应灵活地对家庭医生控费绩效进行考核。因此，参考我国大病保险基金委托商业保险公司经办经验，以及借鉴美国老年人医保（Medicare）和英国基本医保的公私合作制（PPP）改革经验，委托保险公司经办黄骅市基本医保就成为基本医保制度改革的可行选择，由受托保险公司作为第三方购买人，和家庭医生灵活构建基本医保基金控费的收益分享机制。

随着基本医保经办制度改革到位，必将带动二级医疗服务体系改革。二级医疗服务体系改革的关键是构建医疗服务优质优价机制，让医生获得合法体面的“阳光收入”。现在的二级医院医生工资薪酬定价机制，由政府部门直接和医院（医生）博弈门诊收费定价和手术定价等，定价机制有些僵化，不能灵活准确地反映医疗服务供需变化。政府医保部门按项目付费（FFS），有鼓励过度医疗之虞。委托保险公司经办黄骅市基本医保，医疗市场第三方购买人缺位的问题得以解决。基于家庭医生管医保职能，保险公司和家庭医生结成了利益同盟，能够和二级医院进行精细化的协商谈判，能够对二级医院进行精细化管理，现代医疗市场运行机制的雏形将在黄骅出现，为下一步在县域二级医院引入按疾病诊断相关分组付费（DRGs）等预付费制度改革奠定了基础。

第四，政府从不该管也管不好的医疗服务定价、对医疗服务的精细化过程管理中抽身。由二级医院作为博弈的一方，保险公司和家庭医生共同作为博弈的另一方。政府不再作为“运动员”，而是作为上述双方博弈的裁判，推动二级医院以“患者为中心”提供高性价比的医疗服务（见图6）。

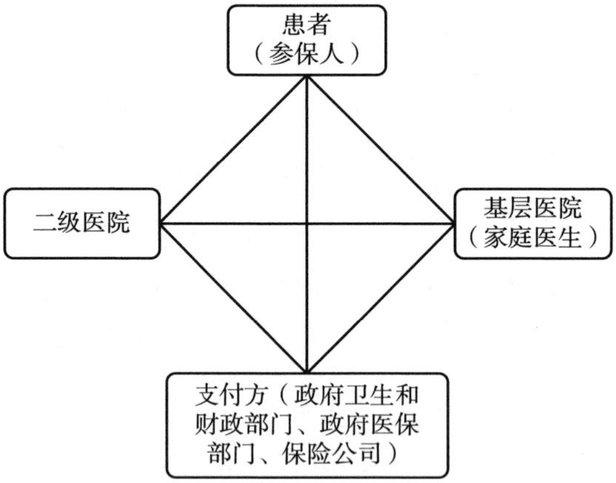

图6　医疗市场四方主体

（二）激励机制

机制设计的关键是把基层医生的绩效与其提供的健康管理服务和

医疗控费服务效果相挂钩，同时也激励广大居民与基层医生签约和到基层医疗机构首诊（见图7）。

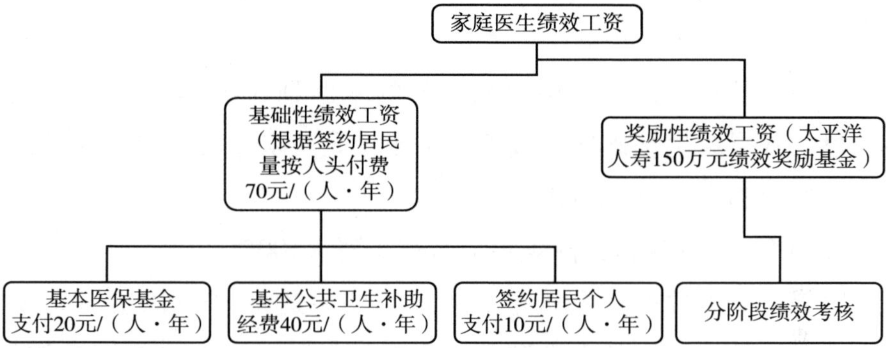

图7　家庭医生经济模式

1. 如何激励基层医生管健康?

黄骅市政府为了推动基层医生做好健康管理服务，首先是激励基层医生和居民自愿签约，成为居民的家庭医生，在此基础上激励基层医生提供科学的慢性病管理方案。在改革的启动阶段，如何对基层医生进行绩效考核是关键。改革的设计者意识到改革难以一蹴而就，制定了分阶段的绩效考核方案。

第一阶段：对家庭医生签约进行绩效考核。

家庭医生签约于2018年6月开始启动，选择三个试点乡镇卫生院（社区卫生服务中心）为签约实施单位，即官庄乡卫生院、骅东社区卫生服务中心、骅中社区卫生服务中心。组建由试点医疗机构医师、乡村医生、健康管理师、公共卫生人员组成的家庭医生签约团队，其中试点医疗机构医师为签约服务主体，团队其他成员对试点医疗机构医师负责。

签约医生团队负责提供基础服务和增值服务，其中基础服务包括基本公共卫生服务、常见病和多发病等基本医疗服务、健康管理服务

(包含慢病管理)、就诊协助[①]等。

在改革的启动期，为了激励基层医院和医务人员积极参与家庭医生签约服务，签约率是重点考核指标，包括全人群签约率和重点人群签约率两项。具体来说如下。

第一，试点社区、乡镇全人群签约率达到50%以上。完成规定签约量，基层医生基础性绩效工资全额发放。未完成规定签约量，每降低10%扣除绩效工资5%。

签约率=(签约人群/规定地区全人群×100%)

第二，试点社区、乡镇重点人群签约率达到80%以上。完成规定签约量，基层医生基础性绩效工资全额发放，未完成规定签约量，每降低10%扣除绩效工资10%。这里的重点人群包含公卫及社保认定的慢性病人员、重症人员。

重点人群签约率=(签约人群/规定地区重点人群×100%)

为了保证签约的真实有效，实施考核时，由第三方评估机构(太平洋人寿保险公司)根据纸质档案、客户回访(抽样调查)、App签约率三方数据进行评定。

自2018年5月开展健康管理签约服务以来，截至10月底，三个试点基层医疗机构总计完成26239人次的付费签约，官庄乡卫生院试点全人群签约率达71.2%，第三方评估机构走访签约居民满意度达90%以上[②]。

第二阶段：对慢性病管理服务进行绩效考核。

第三方评估机构(太平洋人寿保险公司)针对糖尿病、高血压和房颤所致脑卒中制定了家庭医生慢性病个案管理方案，准备从

① 1. 提供预约上级医院专家门诊、特殊检查、床位等服务；2. 提供绿色双向转诊服务及备案域外转诊。

② 邵晓军：《黄骅经验：健联体在欠发达地区的实践》，《中国保险报》2018年11月28日。另外，截至2018年10月底，已完成111857.98元奖励性绩效工资的发放。

2019 年开始对家庭医生提供慢性病管理服务进行绩效考核。

下面以糖尿病个案管理方案为例加以说明：一是在基期进行糖尿病患者可干预因素评估，并根据《糖尿病患者可干预因素计分表》计算对应分值。其后，家庭医生根据《糖尿病患者自我管理指导》《体重管理方案》提供健康指导，根据病情对患者进行分类管理。二是半年后，根据政府公共卫生部门组织的公共检查结果信息直接生成《糖尿病患者可干预因素记录表》，并根据《糖尿病患者可干预因素计分表》计算对应分值，根据与基期对比分值降低的程度进行奖励。

第三阶段：收入绩效综合考核。

政策设计者从长远计，提出适时扩展对试点医疗机构的综合考核。第一，将分级诊疗服务纳入考核，考核指标涵盖首诊率、转诊率、转诊符合率、社区康复率。第二，将控费效果纳入考核，主要考核住院人次及住院费用情况，以及签约重点人群年度发生重大疾病情况。

2. 如何激励基层医生控费用?

黄骅基层医改对签约家庭医生提供的基础服务包按人头付费，家庭医生从基础服务包获得的绩效 = 签约居民数量 × 每人每年的签约服务费，基础服务包的签约服务费[①]按 70 元/（人·年）标准。显然，签约居民数量越多，家庭医生收入越高。由于签约服务周期原则上为一年，期满后签约居民可自主决定是否续约或另选其他家庭医生签约。为了维护与签约居民的关系，家庭医生现阶段可以做的是提供优质的导医服务和建议，包括提供绿色就诊通道、远程会诊服务、远程

① 签约服务按年收取服务费，由基本公共服务经费、医保基金、签约居民按一定比例共同分担，居民个人负担部分在签约时收取。基础服务包的签约服务费按 70 元/（人·年）标准，其中基本医疗服务按一般诊疗费项目提供，由医保基金支付 20 元/（人·年）；基本公共卫生服务按国家基本公共卫生服务规范提供，由基本公共卫生补助经费支付 40 元/（人·年）；健康管理服务主要提供健康管理、协助诊疗、慢病管理、保险保障等，由签约居民个人支付 10 元/（人·年）。

心电诊断服务等，在医疗质量相同的情况下，尽量引导患者在黄骅域内医院就诊，而不是到医药费用更加昂贵的域外三级医院就诊，起到了控制不合理医疗费用的作用。

从远景看，政策设计者已经提出建立卫生健康行政部门联合基本医保部门、大病医保经办商业保险公司共同授权家庭医生开展疾病诊疗过程中和诊疗后的医保费用审核机制，承担“控费守门人”职能，包括医保审单、参与医保慢病认定等。

通过第三方调查和数据分析综合评价居民健康改善状况和医保基金使用情况，对医疗总费用和医保支付费用管控有效、成绩突出的试点基层医疗机构给予奖励及医保政策倾斜。

3. 如何激励居民签约和首诊？

签约家庭医生之后，居民可以额外获得以下权益。

一是获得大病意外保险保障。全程接受家庭医生规范健康管理的签约居民，发生相应重大疾病时按保障规定条件，给予5000元人民币一次性补偿。

二是基本医保支付政策优惠。凡经医保认定并接受家庭医生规范管理的慢病患者，上浮门诊报销上限，在原报销的基础上，再增加200元的报销额度①。

三是住院起付线减免优惠。签约居民通过家庭医生住院时，一级试点医疗机构减免起付线100元，二级试点医疗机构减免100元，三级试点医疗机构减免500元②。

四是基本医疗服务优惠。免挂号费、诊查费、注射费（含静脉输液费，不含药品及材料费）、药事服务成本费。

五是慢病管理服务。家庭医生及时提醒健康风险因素；负责办理

① 张淑会：《黄骅市建立“健康联合体”：变被动医治为主动预防》，《河北日报》2018年12月6日。

② 马志辉：《根植健康沁民心》，《沧州日报》2019年1月11日。

居民慢病认定的申报工作；在原规定处方量外，可延长到一个月的处方量，提供药品代购。

4. 第三方评估

太平洋人寿保险公司负责对家庭医生绩效考核。基于考核结果，一是发放太平洋人寿保险公司投入的家庭医生绩效考核基金，用于家庭医生奖励；二是在 2019 年政府有关部门同意基层医疗机构据此发放家庭医生的绩效工资，打破“大锅饭”，激励家庭医生“管健康”和“控费用”。

政府委托保险公司负责第三方评估，主要原因是对于公办的基层医疗机构来说，如果政府集主办者、监督者和绩效考核评估者于一身，难免有政事不分、管办不分之嫌。现有研究表明①，对医疗服务提供方推行第三方评估，才能创建对医疗服务方外部制衡的长效机制。

太平洋人寿保险公司愿意参与第三方评估，主要利益诉求有两方面：一是业务模式创新，探索慢病管理与健康保险结合的创新模式；二是作为黄骅大病保险基金的经办方，有意愿控制大病保险基金的不合理增长。

（三）医疗服务的生产方式

黄骅基层医改，赋予了家庭医生“管健康、控费用”两项新的服务职能，要求基层医疗机构扩大与家庭医生两项新职能相应的服务量（产出）。

提供新服务，面临与生产函数有关的三个问题：一是信息资源的匮乏，这使得家庭医生难以“全方位、全周期”掌握签约居民的健

---

① 贺冬秀等：《我国医疗服务质量第三方评价现状与实施对策研究》，《现代医院》2018 年第 2 期。

康信息，不能主动提供健康管理服务，也使得家庭医生难以掌握不合理的医药费用信息。二是家庭医生的传统技能不满足提供新服务的要求。三是基层首诊带来的分级诊疗问题。

黄骅基层医改，通过信息化建设、智能化建设和健康联合体建设解决上述问题。在改革的起步期，不能依赖财政投入，医改设计者从两方面着手：一是借助外力，委托河北世窗信息技术股份有限公司经办医疗服务信息化和智能化平台，通过信息化平台帮助家庭医生履行职能，借助智能技术提高基层医疗劳动生产率。二是完善分级诊疗制度，构建“健康联合体”，盘活存量医疗资源，实现基层医疗机构和上一级医疗机构的有效衔接。具体来说如下。

第一，信息化的生产方式，解决信息资源不足和信息不对称问题。基于健康医疗大数据中心实现数据互联互通，为居民建立全方位、全周期健康档案，并向居民和医生有序开放。

黄骅市健康医疗大数据中心建立了全员人口数据库、电子健康档案数据库、电子病历数据库、基础资源数据库，完成了全医疗机构数据采集与上传工作，真正实现了区域内卫生医疗数据的互联互通及数据共享。

基于黄骅市健康医疗大数据中心，为居民建立“全方位、全周期”的健康档案，记录居民从出生到死亡，从各级医院诊疗到居家健康监测，从健康评估到健康干预所产生的所有医疗、健康数据。将居民健康档案通过科学、安全的方式，向居民进行合理开放，帮助居民掌握自身健康状况与健康费用，促进居民健康意识的提高。同时，居民健康档案在各级医疗机构之间按照权限有序流转，促进基层首诊、远程会诊的实现与分级诊疗制度的实施。

“健康黄骅”基层医改旨在逐步建立起既能管健康又能控费用的家庭医生新制度，努力实现以疾病为中心向以健康为中心的模式转变。

根据基层医改的整体要求，专门为家庭医生定制研发了健康管理平台及“健康黄骅”App（医生端、居民端），既为家庭医生新的职能提供信息化管理工具，又为签约居民与家庭医生的实时沟通建立线上通道，家庭医生通过对辖区签约居民开展在线健康评估、制订健康计划、健康干预等实现了对居民全生命周期的跟踪式健康管理，同时基于全市医疗大数据为家庭医生提供签约居民在二级以上医疗机构的全程就诊数据，用于定期开展诊疗路径及费用审核，进行及时有效的指导，帮助居民降低医疗费用。

二级医疗机构的诊疗过程开始透明化，便于家庭医生管控不合理的医疗费用。借助信息化平台，通过事前提示预警、事中预审核、事后审核与申诉等多方位、层次化的审核模式，进一步规范家庭医生及各级医院医生的诊疗行为，规范医疗机构的临床诊疗行为，切实将现有医保管理模式转变为更加规范化、精细化的医保管理模式，保障医保基金的合理支出。

基于黄骅市健康医疗大数据，深度挖掘分析并定制化开发了“家庭医生绩效考核”系统，实现了行政管理部门对家庭医生及各医疗机构全维度、全流程、可视化、可量化的工作绩效考核及居民评价体系的构建。

第二，智能化的生产方式，提高了家庭医生的劳动生产率。具体来说，智能化的健康管理平台及“健康黄骅”App，为家庭医生提供了“管健康”“优诊疗”“控费用”三大模块服务，并帮助家庭医生安排每日工作。

帮助管健康：通过信息化平台，掌握居民健康状况，为居民提供精准化、个性化的健康管理方案，引导居民开展科学合理的生活方式、控制关键体征指标状况。在居民健康管理平台上，根据居民及家庭成员的健康指标，系统将居民划分成不同类别、不同级别的重点人群，并针对不同的重点人群提供不同的管理方案。针对特定重点人群，系统提示家庭医生相应的管理路径和管理要点，引导家庭医生为居民提供最合适的健康服务，从而在规模化健康管理和个性化健康管理之间找到平衡点，最大限度地提升了家庭医生管理效果，降低了家庭医生管理难度。

帮助优诊疗：通过信息化平台，为家庭医生在诊治、会诊、转诊、域外诊疗等方面提供工具与资源，提升家庭医生自身诊疗能力与资源协调能力。当居民前来就诊时，家庭医生通过智能辅助诊断平台可以更准确地判断居民病情①；当遇到无法确定的问题时，通过会诊平台可以获取域内二级医院、三级医院专家支持；当患者病情超出诊疗能力范围时，通过转诊平台可以精准转诊到合适的医疗机构；当居民有更高健康医疗需求时，通过第二诊疗意见平台可以获取域外专科医院、大医院专家的线上诊断建议（域外诊疗患者需缴纳一定费用）。由此，将域内、域外的医疗资源汇聚到家庭医生信息化平台上，为家庭医生提供支持服务。最后，通过信息化平台，规范各级医疗机构诊疗标准，明确各种疾病指征，家庭医生、二级医院在平台上进行上、下转诊时，必须明确居民疾病指征，并以此判断转诊是否符合标准。对于区域内的转诊情况，进行合规率的统计，并为各级医疗机构绩效考核提供数据支持。

帮助控费用：赋予家庭医生职责与义务，监管签约居民在二级、三级医院的医疗、医保费用情况。通过信息化平台，家庭医生可以看到签约居民在医疗机构的门诊、住院花费情况，并对费用合理性提出自己的意见。当家庭医生认为居民医疗费用存在异常情况时，可直接

---

① 采用人工智能技术、自然语言处理技术、语义识别技术，为疾病的诊断、治疗、鉴别、演化、干预建立最全的大数据应用库和诊断数学模型，并形成智能辅助诊断系统。通过智能辅助诊断为家庭医生提供早期诊断与早期治疗模型、疾病演化规则、异常症状与指标的干预模型，帮助家庭医生进行高危疾病、恶性疾病的早期排查，提高家庭医生疑难杂症诊断水平，降低家庭医生误诊率。

与医疗机构进行交涉，也可在平台上对费用提出质疑。质疑结果通过平台发送到医保部门，协助医保部门对医疗机构进行监管。为了提高家庭医生管控费用的能力，黄骅市建设了医保控费智能审核系统，可以根据国际惯例与当地医保规则，将居民的医保费用进行预审，提醒家庭医生重点审核。

帮助安排每日工作：家庭医生信息平台在给每个签约居民提供健康管理方案的同时，提供居民的健康管理计划，指导家庭医生在一定工作周期内对居民应做的服务，由过去"人找事"的工作模式转变为"事找人"的工作模式，为家庭医生提供有力的管理工具。所有签约居民的服务汇总起来，形成了家庭医生每日工作安排，系统会自动生成每日工作安排表，并提醒家庭医生制订工作计划。该工作安排表可根据家庭医生实际工作情况进行灵活调整。

第三，建设"健康联合体"，推进分级诊疗，盘活存量医疗资源。

整合型医疗的概念由美国西北大学肖泰（Shortell）教授于1994年提出[①]，1996年世界卫生组织（WHO）对"整合型健康服务"进行了明确的定义，是"在特定的区域或单一行政机构或几个机构内，为实现保护健康的目标，对多种资源实行优化组合，以更加有效地满足更多人群的健康需求"，其最终目的是提高人群对健康服务的满意度[②]。

管理型医疗强调的是在不降低医疗质量的前提下，控制医疗成本。与之相比，整合型医疗更强调提升医疗服务价值，解决的是传统医疗服务不能以患者需求为中心，对患者的医疗服务缺乏统一性（Continuum）和连续性，以及由此带来的质量问题。

---

① Shortell（1994），"The New World of Managed Care：Creating Organized Delivery Systems"，Health Affairs，Vol 13，No. 5.

② World Health Oganization（1996）. Integration of health care delivery. Report of a WHO Study Group. World Health Ogan Tch Rp St.

为了实现每位病患诊疗的统一性和连续性，整合型医疗要求在“治疗”和“保健”部门之间实现联通、相容和协作，确保患者医疗服务的各个环节容易链接或依序无缝过渡。整合型医疗有多个层面，包括初级、二级和三级医疗服务之间的整合，住院、门诊、居家、社区和机构照顾之间的整合，医疗/急诊、慢病管理、心理健康治疗、社会服务等之间的整合（Kodner，2009）。

促进医疗机构和保险机构合作设立整合型医疗机构，包括健康维护组织、负责医疗组织、社区医疗之家等。通过制定上市标准和医疗机构评级标准，引导新型医疗机构以患者为中心，把医疗服务的成本、质量和患者体验三个目标相结合，实现“治疗”和“保健”部门之间的联通、相容和协作，不断提升患者医疗保健服务的各个环节平滑链接程度，不断提升专科/急诊、慢病管理、心理健康治疗、社区医疗服务等之间的无缝过渡水平，减少医疗资源浪费，降低医疗差错，改善医疗服务结果，在医疗服务体系内实现资源的优化配置。

由黄骅市政府主导，邀请国家级专科医院及相关行业组织共同参与。以心脑血管疾病、糖尿病、肿瘤等为抓手，以构建防治结合体系为主要内容，建立由试点基层医疗机构（官庄乡卫生院、骅东社区卫生服务中心、骅中社区卫生服务中心）、二三级医疗机构（黄骅市人民医院、黄骅市中医医院、黄骅博爱医院、黄骅神农居医院、沧州市级医院、中国医学科学院阜外心血管医院、北京天坛医院、天津市肿瘤医院）等组成的心脑血管、糖尿病、肿瘤等慢病健康联合体。明确联合体不同医疗机构的职责范围、权利义务、工作规则，统筹医疗联合体内资源配置与整合。

优化健康联合体各机构功能定位，实现资源互补。国家级专科医院主要负责规范标准制定、专业技术指导、罕见病例诊治。三级医院主要提供急危重症、疑难复杂疾病的诊疗服务和专科医疗服务。二级医院建立心脑血管疾病、糖尿病、肿瘤等专科防治中心，提供特色专科、康复、护理等接续性医疗服务。基层医疗卫生机构主要提供常见病、多发病的诊疗，生活方式管理、慢性病危险因素筛查及早诊早治，诊疗行为参与及审核，分级诊疗建议及转诊，医保审核等服务，为诊断明确、病情稳定的慢性病、老年病、晚期肿瘤及康复期患者等提供治疗、康复、护理服务等。

优化分级诊疗，支持基层首诊。建立绿色转诊通道，二、三级医院要优先保障基层转诊号源，由基层上转的患者可享受优先就诊、优先检查、优先住院等服务。针对高血压、糖尿病、肿瘤、心脑血管疾病等慢性病患者的诊疗、康复和管理需求，建立基层医疗机构与二三级医院的分工协作机制。促进大医院与基层医疗机构用药衔接，制定慢性疾病药品长处方药品采购目录，稳定期患者可享受2个月的长处方便利。

着力提高基层健康服务能力。加强和规范全科医生培养，实现城乡每万名居民有2~3名合格的全科医生。建立家庭医生绩效考核机制，“多劳多得”“优质优价”。提高护士和健康管理师的专业技能。通过健康联合体、对口支援和医师多点执业等方式，鼓励县级以上医院医师到基层医疗机构多点执业，或签订协议定期出诊、巡诊，提高基层服务能力。合理确定基层医疗卫生机构配备使用药品，加强基层医疗卫生机构与上级医院的用药衔接。

整合推进医疗资源共享。推进人才资源共享，集中健联体内优势专科人才资源，建设人才资源库，制定促进人才流动政策、利用信息化手段，以对口支援、远程医疗、急救专家组、教学、科研专家组等形式，对各级医疗机构尤其是基层医疗机构开展技术支持医疗服务，力争将优质医疗资源辐射到基层群众，减少患者无序流动。推进管理资源共享，通过标准化管理，制定质量考核标准，开展相关专业质量管理和技术指导，提高各专业医疗质量，形成健联体内统一的医疗质量管理体系。推进医疗资源共享，将二级医院现有的检查检验等资源，向基层医疗卫生机构开放，推进各级医疗机构间检查检验结果互认。

（四）制度实施迈出了第一步

1. 慢病管理迈出第一步

慢病管理的第一步是健康风险评估，也就是筛查出慢性病人群。在签约开展以来，截至 2018 年 10 月底，已通过黄骅市健康管理信息平台系统统计完成对试点乡镇卫生院（社区医院）的脑卒中、高血压和糖尿病三类慢性病患者筛查，具体情况如下：脑卒中患者 219 人，其中官庄 127 人；高血压患者 5956 人，其中官庄 4301 人；糖尿病患者干预方案 3694 人，其中官庄 2979 人。

健康管理信息平台系统统计数据来源有两方面：一是高血压和糖尿病患者情况来源于黄骅市政府每年的公共卫生体检，以及系统上线以来对患者健康档案（包括电子病历）的更新；二是脑卒中患者来自黄骅市健康风险评估和社会基本医保标识。

下一步是确定患者基期的糖化血红蛋白、体重指数（BMI）、低密度胆固醇和高密度胆固醇情况，由家庭医生按照慢性病个案管理方案对患者进行健康管理，在期末，依据上述指标改善情况对家庭医生的健康管理绩效进行考核。

2. 借助分级诊疗，控费迈出第一步

由于对试点乡镇卫生院家庭医生签约团队实施按人头付费等绩效考核，鼓励家庭医生与居民保持长期签约关系，家庭医生愿意帮助签约居民控制不合理的医疗费用。

由于在现阶段，政府基本医保部门还没有授权家庭医生对医保费用的审核权。为了维护与签约居民的关系，就控制不合理医疗费用而言，家庭医生现阶段可以做的包括两方面：一是提供慢性病管理服务，帮助患者减少风险因素，控制血糖和血压等，控制或避免并发症的发生，这方面的效果由于周期较短，有待进一步观察。二是提供优质的分级诊疗服务，通过提供黄骅市二级医院绿色就诊通道、黄骅域内域外二级和三级医院的远程治疗服务等，在医疗质量相同的情况下，尽量引导患者在黄骅域内医院就诊，而不是到医药费用更加昂贵的域外三级医院就诊，起到了控制不合理医疗费用的作用。

借助分级诊疗，控制不合理医疗费用的机理可以做如下说明：采用沧州市 2018 年 1～10 月大病保险赔付数据，对于域内和域外住院次均赔付费用进行对比。黄骅居民在县域内住院次均赔付费用是 490.11 元，相比之下，域外的沧州市新华区和运河区的居民住院次均赔付费用分别是 2886.29 元、2774.76 元（见图 8）。原因是黄骅市只有二级医院，沧州市有三家三级医院，三级医院的住院医疗费用要远高于二级医院，不仅沧州，全国情况皆如此。

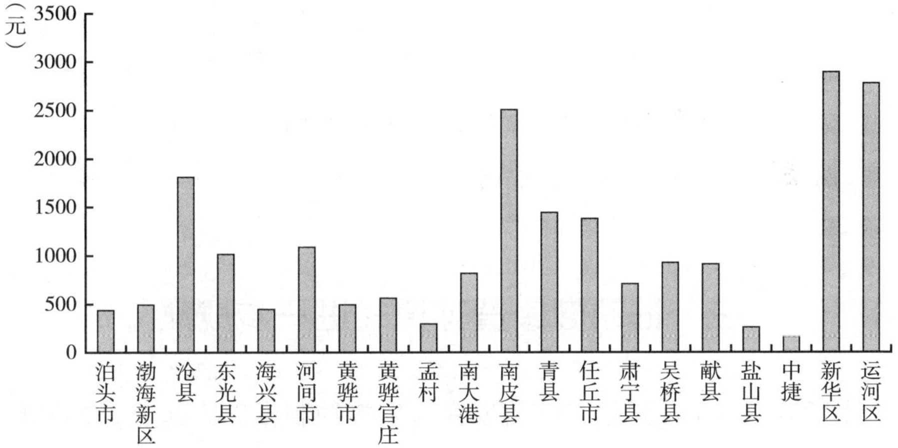

图 8　沧州市各县（区）在县域内住院次均费用

数据来源：沧州市大病保险信息系统。

家庭医生引导分级诊疗起到的作用是尽可能引导居民在黄骅市域内看病就医，以基层医改试点乡镇官庄乡为例，其居民在县内住院人次占比达 57.27%，黄骅市居民在县内住院人次占比达 48.26%，相比之下，沧州行政管辖的其他县域居民在县内住院人次占比一般不超过35%，也就是说绝大部分到了县域外的医院住院治疗（见图9）。考虑到沧州市有三家大型的三级医院，出现上述“虹吸现象”是不足为奇的。由于近年来黄骅县域医疗条件基本稳定，试点乡镇卫生院和黄骅市没有出现上述“虹吸现象”，家庭医生功不可没。

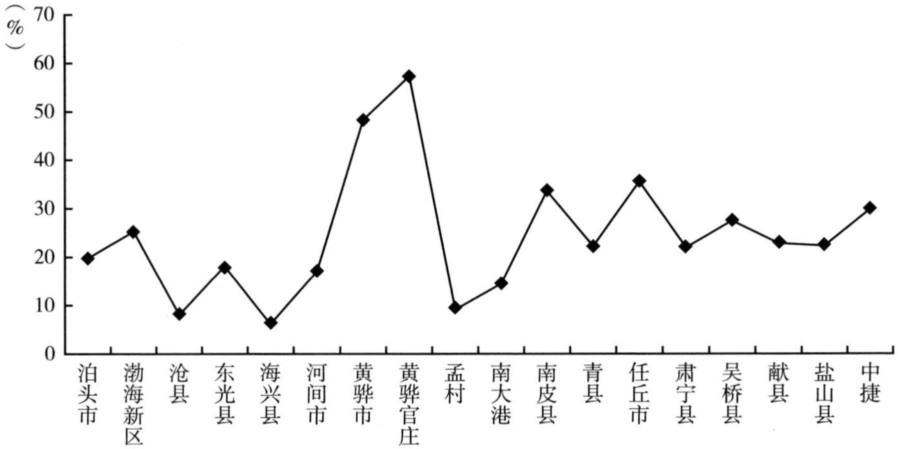

图9　沧州市各县（区）在县域内住院人次占比

数据来源：沧州市大病保险信息系统。

三　推动健康黄骅模式进一步成熟

把2018年6月开始实施的家庭医生签约制度作为起点，“健康黄骅”基层医改推动的过程只有半年有余，落地实施的改革举措数量有限，更多的改革举措仍然需要体制机制创新和突破。

（一）完善基本医保经办制度，解决“第三方购买人”缺位问题

目前是以太平洋人寿保险公司150万元实验经费起步，并非常态

化的家庭医生绩效奖励安排。

政府管理的基本医保基金是家庭医生"管健康"和"控费用"的最大受益者。慢性病管理减少并发症，降低重大疾病发生率和住院率；家庭医生监督二级、三级医院的诊疗行为，降低不合理的医药费用。从完善激励机制看，应当建立基本医保基金与家庭医生分享收益制度，但是，由于体制制约，基本医保部门难以实施。可以参照国际惯例和大病保险制度，实施基本医保公私合作制，通过"法人化""民营化"等方式，委托有关机构经办基本医保基金，发挥支付方的引导作用，完善家庭医生制度。具体方案可做进一步深入讨论。

（二）推进家庭医生两项职能进一步落实和生效

推动家庭医生管医保职能进一步落实和见效。建立卫生健康行政部门联合基本医保部门、大病经办商业保险公司共同授权家庭医生开展疾病诊疗过程中和诊疗后的医保费用审核机制。建立医疗行为仲裁审查机制。

推动慢性病管理项目进一步见效。统筹公共卫生经费和慢病管理服务项目，优化公共卫生经费支出结构，在确保公共卫生服务项目应支尽支的前提下合理增加慢病管理项目经费，尤其是有针对性地增加居民体检项目和经费，为居民提供更加专业、精准的慢性病健康管理资金来源。从基本医保基金提取慢性病管理平衡基金，作为慢性病管理项目长期稳定的资金来源。

数据问题。政府有关部门和保险公司以公私合作方式建立家庭医生绩效管理考核机构，确保数据真实，准确评估家庭医生绩效。

（三）推进二级医疗机构医保支付方式改革

政府对医疗服务的价格管制，再加上基本医保推行按项目付费（FFS），是二级医疗机构医生过度医疗、推升医药费用的直接原因。

从国际经验看，积极推进二级医疗机构实行按疾病诊断相关分组付费（DRGs），可以对医疗机构的住院收费建立“结余留用，合理超支分担”的激励机制，增强二级机构的成本管理意识。开展按疾病诊断相关分组付费（DRGs）支付方式改革，前提是需要对医生的诊疗行为进行适当的过程管理和提高透明度。目前黄骅市已初步具备推进二级医疗机构医保支付方式改革的条件，包括建立了医疗信息化平台，家庭医生承担管医保职能，同时介入患者的就医过程。

四　总结：“健康黄骅”对于“健康中国”建设的借鉴意义

“健康黄骅”自下而上的改革路径，逐渐触及深层次的机制问题。赋予家庭医生提供“健康管理服务”和“基本医保控费”两项新职能，实现了医疗服务体系的功能分割，家庭医生和基本医保民营化机构作为一方，二级医疗机构作为另一方，在没有政府介入的情况下，双方也可以形成较为对等的谈判机制①，完善了二级医疗服务的价格形成机制。与“医联体”模式可做对比，“医联体”② 规模导向，三级医院的谈判实力更加坐大，对于三级医疗服务价格，难以形成较为对等的谈判机制，仍然需要政府进行价格管制。

① 由于双方都熟悉医疗服务标准，也了解与患者人群医疗质量和成本等有关的统计数据。

② 所谓的医联体，指区域医疗联合体，是将同一个区域内的医疗资源整合在一起，通常由一个区域内的三级医院与二级医院、社区医院、村医院组成一个医疗联合体，目的是解决百姓看病难的问题，发烧感冒的就不用再挤进三级医院，在小医院也能解决。

B.6

国际基本医保控费改革的演进历程与逻辑

阎建军　陈 楠*

摘 要： 在实现了医疗保障全覆盖之后，基本医保控费改革将成为我国深化医药卫生体制改革的重心。本报告梳理国际基本医保控费改革的历史演变和内在逻辑，总结成败得失，认为行政化的基本医保控费改革面临多方面难题。采用医疗服务与民营基本医保的合约化控费模式，现代医疗服务体系的管理型医疗机制逐渐形成并取得试点成效，引发了以“管理型医疗”为导向的基本医保控费改革兴起。进入21世纪后，为了解决单一控费目标带来的弊端，基本医保改革从控费转为价值导向。从国际基本医保控费改革历史和逻辑的统一中，或许可以为优化我国基本医保控费改革顶层设计提供启迪，并为各地医改试点提供借鉴。

关键词： 美英控费举措　基本医保控费改革　“管理型医疗”

在实现了医疗保障全覆盖之后，我国面临着日益严重的医药费用增长压力，中共中央、国务院印发的《“健康中国2030”规划纲要》

* 阎建军，中国社会科学院金融研究所副研究员，研究方向为健康保险与医药卫生体制改革；陈楠，天安人寿保险股份有限公司精算部高级经理，精算师，研究方向为健康保险。

强调了要推进基本医保控费改革，具体措施包括“严格落实医疗保险基金预算管理。全面推进医保支付方式改革，积极推进按病种付费、按人头付费，积极探索按疾病诊断相关分组付费（DRGs）、按服务绩效付费，形成总额预算管理下的复合式付费方式，健全医保经办机构与医疗机构的谈判协商与风险分担机制”。

近40年来，发达国家不断进行基本医保控费改革探索，其经验和教训可资借鉴。我们选择美国和英国作为分析样本。美国在发达国家中较早尝试基本医保控费改革；英国在进行基本医保控费改革时，已经建立了由政府经办管理的全民基本医保制度，这与我国目前的医保制度特征类似。

一　行政化的基本医保控费改革面临难题

（一）行政化的基本医保控费改革

美、英两国在实施行政化的基本医保控费改革时，采取的核心举措具有相似性，都是依赖付费方式改革。

1. 美国行政化的基本医保控费改革

20世纪60年代中期，美国基本医疗保险制度形成二元体系，一是针对弱势群体建立了联邦医疗照顾计划（Medicare）和州医疗救助计划（Medicaid），由政府负责经办管理；二是对于其他人群，沿袭在自由市场传统下形成的民营化体制。

20世纪60年代末以来，医药费用激增成为美国社会的难题，1960～1980年美国人均医药费用增长了近7倍，医药费用占GDP的比例每隔10年就上升约2个百分点（见表1）。考虑到医药费用激增为企业和家庭带来的压力，再加上美国经济在20世纪70年代中后期陷入了滞胀，政府部门在70年代末开始着手进行基本医保控费改革。

表1　1960～1980年美国医药费用

年份	1960	1970	1980
美国医药费用(亿美元)	272	746	2553
美国医药费用占GDP的比例(%)	5.0	7.0	8.9
人均医药费用(美元)	146.2	355.2	1110

数据来源：Centers for Medicare & Medicaid Services, Office of the Actuary, National Health Statistics Group（2018）。

基本医保控费改革的抓手是对于联邦医疗照顾计划（Medicare）的住院治疗项目取消按项目付费（FFS），实施按疾病诊断相关分组付费（DRGs），由联邦医保局[①]采取行政化方式推行。

联邦医保局在1980年授权新泽西州开始DRGs试点，对于各类住院医疗服务进行标准化编码和分类，预先确定每一组别疾病的住院费用支付标准并实行费用包干，超支由医院自负。

实施按疾病诊断相关分组付费，旨在限制联邦医疗照顾计划住院费用增长，尽管新泽西州的试点结果仍有令人质疑之处，但1983年联邦医保局仍决定在全国推广，也是从那一年开始，联邦医保局承担了DRGs运营维护和修改的责任。

1987年，纽约州通过立法，要求为联邦医疗照顾计划（Medicare）之外的患者提供基于DRGs的支付。纽约州卫生局负责实施，对联邦医疗照顾计划的DRGs方案进行了修改，把器官移植、高风险产科手术、营养障碍和儿科服务纳入支付范围。

2.英国行政化的基本医保控费改革

1948年英国颁布《国家健康服务法》，建立国民健康服务体系（NHS）。一是对2699家医院实行了国有化（郑春荣，2012），直接

---

① Health Care Financing Administration（HCFA），也可译作“医疗保健融资管理局”，现改名为联邦医疗照顾和医疗救助服务中心（CMS）。

归卫生部管理，卫生大臣是国民健康服务体系（NHS）的代表，专科医生和护士成为公务人员。二是政府负责筹集接近全部的医疗资金，并运用公共资金直接经营公立医疗机构，或者直接向医疗保健服务的提供者采购与支付。三是实行全民免费医疗制度，一般病人只需要支付处方费以及法律规定的少量其他收费项目。

20 世纪 70 年代的石油危机冲击了 NHS 体系的财政基础。1979 年，撒切尔夫人成为英国首相，保守党政府开始重新检讨 NHS 体系费用控制以及效率问题。在其后的三十年，无论是保守党执政还是工党执政，都把基本医保控费改革作为主要施政任务，概括来说，各届政府的基本医保控费改革围绕两方面展开。

第一，在公办的 NHS 体系内部把医疗服务提供方与购买方分离，当然，仍然是由政府相关部门作为医疗服务购买方，同时也是基本医保的经办管理方（Commissioner）。例如，梅杰政府任期内，是由地段卫生局（DHAs）和家庭医疗卫生局（FHSAs）作为医疗服务购买方。工党布莱尔政府在 2002 年设立了以地方政府为基础的初级医疗保健信托机构（PCT），成为 NHS 基本医保的经办管理机构，控制了 NHS 近 80% 的预算经费，主要负责评估当地民众的健康需求，购买初级医疗保健服务和部分二级医疗保健服务，协调、监管各项医疗卫生服务的供给。

第二，引入按医疗资源组付费（HRGs）。HRGs 是英国版的按疾病诊断相关分组付费，也就是按各类医疗服务活动的相似性进行编码分类，事先确定好各类医疗服务的支付标准或价格，医院据此结算，超支自负。HRGs 系统的应用随着时间的推移而发展。首次引入时，HRGs 是作为医疗服务标准化管理工具，为医疗服务的绩效评估和管理提供比较的基准。医院可以使用交互式国家数据库来比较患者的住院时间与全国平均水平或参考医院相比。

英国政府于 1997 年宣布，制定了一份全国性的“医疗费用标准”，列出了整个 NHS 的 HRGs 费用表，把住院费用标准化，借以识别成本过高的医疗机构。2002 年，政府公布了引入预付费支付系统的建议，医院根据应当适用的 HRG 组别，从政府基本医保的经办管理机构收取每名患者固定的付费。这些付费安排又被称为按结果付费（PbR）。在 2003/2004 财政年度一部分地区开始 HRGs 试点，2007/2008 财政年度从住院扩展到更一般的 NHS 医疗保健服务，包括一部分门诊和急诊服务。

（二）行政化的医保控费改革面临难题

成功推行按疾病诊断相关分组付费（DRGs），至少需要三个条件：一是医保经办机构对医疗服务的精细化的过程管理，防止出现“编码升级”（Upcoding）和“编组拆分”（Unbundling）等问题。二是医保经办机构和医疗机构的精细化谈判，因为要将住院天数较长、病例数较少、离散度较高等情形的病历作为病历单议组，上述病历不纳入疾病分组，需要医保经办机构与医疗机构另行协商。三是确保医疗服务质量不下降，要能够对医疗服务的过程质量有所监督，对医疗服务的结果质量进行客观评估。

属于政府序列的医保经办机构很难满足上述三个条件，症结之一在于政府医保经办机构作为财政拨款单位，缺乏实施上述“精细化管理”和“精细化谈判”的动力。

用行政化方式推行按疾病诊断相关分组付费（DRGs）改革，产生了四方面难以克服的问题[①]。

第一，“编码升级”（Upcoding）问题[②]。进行 DRGs 分组之后，在不同组别之间存在一定的模糊地带，因此，医院可以通过将患者划

① 参见德兰诺夫《美国医疗保健的经济演变》，上海三联书店，2015。

② Grašičet al. *Paying for the quantity and quality of hospital care*: *the foundations and evolution of payment policy in England*, Health Economics Review (2015) 5: 15.

到症状与治疗类似，但赔付标准更高的疾病组来增加收入。

第二，“倒垃圾”（Dumping）和“撇奶油”（Cream Skimming）问题。前者是设法把预期成本超过DRGs费用标准的患者推诿到别的医疗机构，后者是设法吸引预期成本低于DRGs费用标准的患者。

第三，“编组拆分”（Unbundling）问题，是指医院把包含在DRGs同一个编组内的服务包拆分为住院前或住院后的门诊服务，这样一来，医保局除了按照DRGs费用标准支付同样的费用之外，还要额外支付门诊服务费。

第四，可能降低医疗服务质量问题。按疾病诊断相关分组付费（DRGs）实质上是按病种的费用大包干，政策本意是激励医院压缩不合理的医药费用，但是，也可能促使医院降低医疗服务质量以压缩成本。这就要求政府部门能够管控医疗服务质量不降低，需要政府部门对医疗服务进行精细化的过程管理。

上述问题的产生，使得行政化的医保控费改革难以达到目的。

以美国为例，联邦医保局针对联邦医疗照顾计划于1983年开始在全国推行按疾病诊断相关分组付费（DRGs）之后，1985～1997年，由政府经办的联邦医疗照顾计划（Medicare）的总支出年均增长率达9.5%，与之相比，民营保险机构同期的医药总支出年均增长率仅为7.3%。其中，1990～1997年，联邦医疗照顾计划（Medicare）的总支出年均增长率达9.8%，与之相比，民营保险机构等同期的医药总支出年均增长率仅为5%[①]。

以英国为例，在引入HRGs试点三年后，2006财政年度，按医疗资源组付费（HRGs）方式结算的费用已经占医院急性病住院收入的60%，但是，2007～2009财政年度，政府公共部门的医药总支出（Public sector healthcare expenditure）年均增长率达9.7%，与之相

① 参见德兰诺夫《美国医疗保健的经济演变》，上海三联书店，2015。

比，民营保险机构等（Private sector healthcare expenditure）同期的医药总支出年均增长率仅为0.2%（参见表2）。鉴于按医疗资源组付费（HRGs）改革效果不彰，从2010年开始，英国政府又采取了强行压缩医药费用预算方式，导致医疗质量问题，包括治疗效果的不理想以及病患者满意程度较低（Department of Health，2011）。

表2　2003~2009年英国医药费用总支出

单位：亿英镑

年份	公共部门	民营保险机构等
2003	713	184
2004	786	182
2005	850	201
2006	921	207
2007	970	232
2008	1056	238
2009	1157	233

数据来源：Office for National Statistics，*Expenditure on Healthcare in the UK*：*2013*，https：//www. ons. gov. uk/peoplepopulationandcommunity/healthandsocialcare/healthcaresystem/articles/expenditure-onhealthcareintheuk/2015 – 03 – 26 # growth-in-public-and-private-sector-healthcare-expenditure。

二　以“管理型医疗”为导向的基本医保控费改革缘起和演变

管理型医疗是以控费为目标，医疗服务与基本医保的合约化联动模式，旨在解决传统医疗模式面临的对患者过度医疗、缺乏预防性保健服务等问题。

从现代医疗市场发展史来看，管理型医疗兴起于美国。自建国以来，自由主义的保障观被美国中产阶级广泛接受，商业保险和职业性医疗福利安排满足了中产阶级的基本医疗保障要求。即使在1967年“双M法案”通过之后，政府也仅为弱势群体建立了联邦医疗照顾计划（Medicare）和州医疗救助计划（Medicaid），大部分美国国民的基本医保不是由政府提供而是由各类民营保险机构提供。各类民营基本健康保险计划（Health Plan）相互竞争，试验各种新想法，管理型医疗试点应运而生，在民间试点初见成效之后，美国政府开始推动以“管理型医疗”为导向的基本医保控费改革。英国是在政府许可下，由保险公司经办基本医保，开展管理型医疗试点，然后再通过改革确立正式的制度安排。

（一）合约化的基本医保控费：管理型医疗试点

1. 美国管理型医疗的试点

管理型医疗的起源可以追溯到20世纪初期，那时美国就出现了以预付费为特征的管理型医疗计划。1910年，华盛顿州的西部诊所（Western Clinic）设立了美国第一个管理型医疗计划，由雇主向该诊所为每位员工预付每人每月0.5美元的医疗服务费用，要求该诊所的医生为健康保险计划参加者提供一系列规定的医疗保健服务（胡爱平、王明叶，2010）。

成立于1929年的Ross-Loos医疗集团被认为是美国第一家HMO，其总部位于洛杉矶，最初为洛杉矶水电局（DWP）和洛杉矶县公务员提供约定的医疗服务，200名洛杉矶水电局员工每月注册费用为1.50美元。一年之内，洛杉矶消防局签约，随后洛杉矶警察局和南加州电话公司（现为AT&T Inc.）等参加。到1951年，参保人数达到35000人，其中包括教师、县和市的公务员。

1929年，得克萨斯州达拉斯市贝勒大学创立蓝十字健康保险计划，该学校的教师们每年向校医院支付6美元的保费，从而获得多达

21 天的住院医疗服务。

上述 HMO 健康保险计划和蓝十字健康保险计划的共同特点有三方面：一是参保人预先缴纳固定的基本医保年费，HMO 组织或者民营保险机构以预先固定医药费的方式换取医院（医生）一定数量的医疗服务。二是 HMO 组织或者民营保险机构与医疗服务提供者（医院、医生等）签订医疗服务合同，合作方式是基于民事合同。三是事先约定医疗服务的质量标准，HMO 组织或者民营保险机构通常要对医疗服务过程进行监控。

采用医疗服务与民营基本医保的合约化联动模式，现代医疗服务体系的管理型医疗机制逐渐形成。管理型医疗旨在减少不必要的医药费用，常用的控费措施包括：促使医生和患者选择成本较低的医疗形式的经济激励措施，对医疗服务的必要性进行审查，增加受益人的医药费用分摊，控制病人入院和住院时间，建立门诊手术费用分摊激励措施，与医疗保健提供者选择性地签约，以及对高费用医疗保健病例进行精细化管理①。

一系列研究表明，管理型医疗计划能够在一定程度上约束医疗供给方的过度医疗行为，降低医疗成本，提升医疗服务体系运行效率。

勒夫特（Luft，1981）使用了 1959 ~ 1975 年的数据做统计分析，得出结论：以 HMO 计划为代表的美国管理型医疗计划，和传统的按服务项目付费的医疗计划相比，其成员的人均医疗成本低 10% ~ 40%，人均住院天数少 25% ~ 45%。

在控制了选择性偏差的情况下，兰德健康保险试验（RAND HIE）表明，以 HMO 计划为代表的美国管理型医疗计划，和传统的

① National Library of Medicine，Managed Care Programs，1990，MeSH Database，https：//www.ncbi.nlm.nih.gov/mesh? term = managed%20care.

按服务项目付费的医疗计划相比，其成员的人均医疗成本低 28%[①]。

在不控制选择性偏差的情况下，米勒和勒夫特（Miller and Luft, 1994）根据 20 世纪 80 年代和 90 年代早期文献更新了对费用差异的分析，和传统的按服务项目付费的医疗计划相比，健康维护组织（HMO）计划成员的住院天数一般低 1% ~20%[②]。

富兰德（2004）指出，对于那些昂贵的并且有便宜替代品的医疗服务，健康维护组织（HMO）成员的使用率平均要低 22%。

2. 英国管理型医疗试点

2007 年，英国卫生部（DOH）发布了政府外包服务采购计划（FESC，Framework for procuring external support for commissioners），允许符合资质的保险公司为 NHS 提供经办管理服务。其目的是引入商业保险公司的创新思维和专业运作模式，提高初级医疗保健信托机构（PCT）等公共部门作为医疗服务采购方的组织运作能力，推进管理型医疗试点。

在政府外包服务采购计划中，商业保险机构的主要职责是提供四个方面的管理型医疗服务[③]：一是评估和规划（Assessment and Planning），主要是对健康需求和医疗服务供给进行评估、设计医疗供给结构等；二是签约和采购（Contracting and Procurement），代表政府与全科及专科医疗服务供给方签约；三是履约管理、纠纷解决与医疗审查（Performance Management, Settlement and Review）；四是与病人及公众互动（Patient and Public Engagement）。2007 年 14 家保险公司通过竞标的形式，加入英国政府的外包服务采购计划（FESC）。具体服务内容包括：对相关数据进行精密分析，对患病人群进行风险

① 阎建军：《国际基本医疗保障制度改革趋同：对"第三条道路"的解析》，《金融评论》2013 年第 3 期。

② 阎建军：《强制私营健康保险：双目标逻辑》，社会科学文献出版社，2013。

③ 阎建军：《国际健康保险业发展路径探讨》，《当代金融家》2015 年第 9 期。

分级，目标性健康干预和保健计划，健康管理和生活方式指导，门诊流程的重新设计，增强服务质量与提高成本支出的透明度，扩大病人的服务选择范围以及促进服务供应商之间的竞争等。

在 FESC 框架下推行管理型医疗，取得了三方面的效果（House of Commons，2009a，2009b）。

一是提高 NHS 公共机构的财务管理水平，实现成本节约。比如 Tribal 保险集团为英国 Ashton Leigh and Wigan（ALW）区域的 NHS 提供经办管理服务，2008～2009 年实现相关结余 350 万英镑，其中，通过严格发票审核（Acute Invoice Validation，AIV）、基准合同降价和引入新的合同条款产生超过 220 万英镑的结余；通过鼓励患者使用低价等效药，从他汀类药物和质子泵抑制剂（PPI）药品管控中获得确定常态收益 35 万英镑。

二是基于风险评估，对病患人群提供有针对性的健康管理计划。Tribal 保险集团通过风险分级，发现 Ashton Leigh and Wigan（ALW）区域 4% 的病患人群消耗了 40% 的医疗卫生资源，于是与一家医院合作安排了 100 名患者在家接受医疗服务，这 100 名患者中的大多数此前只能在医院接受治疗。这一群体现在正通过保险公司的个案疾病管理模式接受诊疗。该模式还为身体虚弱的老人提供了健康管理服务。该服务获得了 95% 的患者的认可，并减少了社区护理费用的支出。与之相辅相成发挥作用的，还有通过社区专业护士进行的健康风险管理项目（House of Commons，2009a）。BUPA 保险集团为 West Kent 地区的 NHS 公共机构建立病患人群风险预测模型，帮助 PCT 及其医务人员为其诊疗对象识别健康风险和选择最适合的医疗服务，西部健康管理电话平台项目（West Care Call）使用了经 BUPA 专业训练过的 NHS 护士对目标人群提供了全面的健康管理和生活方式指导，并以此改善了目标人群的行为习惯。该项目在报告期的覆盖群体已达 233000 人，其中仅有 4.5% 的人群选择退出（House of Commons，

2009c）。

三是实施社区健康计划，引导人们选择更为积极健康的生活方式。Humana 保险公司与 Stoke 地区 NHS 公共机构合作，为当地居民设计了一个以计步器为基础的项目方案，鼓励人们多步行，为自身健康负责。该项目覆盖人群 1800 名，取得了以下成果：其一，71% 的参与者 BMI 值降低，人均降幅达到两个点，相当于每人减肥 12.4 磅；其二，参与者有记录的运动时间增长了 251%；其三，49% 的参与者增加了每天蔬菜食用量；其四，一些参与者用药量减少；其五，参与者的家属同样也受益于更为健康的饮食和增量的运动（House of Commons，2009a）。

（二）以“管理型医疗”为导向的基本医保控费改革及其演变

1. 美国推行以“管理型医疗”为导向的基本医保控费改革

自 20 世纪 70 年代以来，美国开始分阶段立法推行以“管理型医疗”为导向的基本医保控费改革，历经数届政府，相关制度安排主要包括两方面：一是立法鼓励“健康维护组织”（HMO）设立，健康维护组织成为最早受到立法支持的管理型医疗组织；二是政府基本医保的民营化改革。

（1）健康维护组织法案鼓励健康维护组织（HMO）发展。

20 世纪 60 年代末期，为了应对政府举办的联邦医疗照顾计划（Medicare）和州医疗救助计划（Medicaid）不断上升的成本，美国国会开始关注 HMO 等新型的健康保险组织模式。以保罗·艾尔伍德（Paul Ellwood）和阿兰·恩索文（Alan Enthoven）为代表的杰克逊山洞智库组织提出了一项用健康维护组织（HMO）来代替传统按服务付费医疗模式的医改战略，并为共和党尼克松政府采纳。

1971 年 2 月 18 日，在尼克松总统提交给国会的医疗咨文（Health Message）中，他公开阐释了政府对发展健康维护组织（HMO）的认识："最近几年，一种新型的医疗服务提供方式获得了高度关注。这种新的方法有两个基本特点，它将一系列综合的医疗服务汇聚在一个单一的组织内，故而患者可以自由地享用组织内所有的医疗服务。同时，所有的加入者都要向该组织预先缴纳固定的保险费以获得基本的医疗服务。"（Dorsey，1975）

1973 年 12 月 29 日，尼克松总统签署了第 P. L. 93 - 222 号法案，即《健康维护组织法案》（the Health Maintenance Organization Act of 1973）。1973 年的 HMO 法案将 HMO 界定为一个知晓必要的医疗服务知识，采用预付费的形式，为参加者提供一系列医疗服务的法人实体①。HMO 接受州保险监管当局的监管。

一是政府财政支持。对于符合条件的 HMO 组织在其开办期和起步期发生的费用，政府给予专用拨款、贷款和贷款担保等一系列支持（见表 3）。对于在缺乏医疗服务的地区建立的 HMO 计划会给予最优先的基金支持。1973 年的 HMO 法案给予合格的 HMO 组织提供了 3. 64 亿美元的财政支持（亨德森，2008），其中 2. 5 亿美元用于 1973 ~ 1976 财年 HMO 组织的专项拨款合同，7500 万美元用于 1974 年和 1975 年的贷款和贷款担保（Esther Uyehara，Margaret Thomas，1975）。

---

① HMO 被要求提供最低限度的一揽子服务，包括：（1）医生服务（Physician Service），（2）住院和门诊治疗，（3）急诊医疗（必须是医学上必须的），（4）短期（不超过 20 次）门诊心理健康服务，（5）对酒精和药物滥用或成瘾的治疗以及转诊服务，（6）诊断化验和放射性诊断治疗，（7）家庭医疗护理，以及（8）预防保健医疗服务（包括对儿童牙齿的预防保健、家庭医疗计划以及儿童视力保健）。HMO 对基本医疗服务的偿付是固定的，而不论实际提供的医疗服务的频率、长度或者是种类。一个 HMO 必须有取得执业医师资格的医生团体来提供基本的医疗服务，同时有一些应对罕见或是不寻常疾病的措施。HMO 可以隶属于其他的医疗服务提供者。HMO 自己的医生团体必须把 HMO 作为其主营业务，在特定的计划中汇聚和重新分配其与 HMO 相关的收入，共享医疗记录、主要设备、特定雇员，并且为医生团体安排继续教育。参见 Esther Uyehara，Margaret Thomas（1975）。

表 3　合格的 HMO 可以获得的财政支持类型

支持的目的	支持的种类	合格的 HMO	限制条件
可行性研究	专用拨款合同	公共的或是非营利性的私人 HMO	不超过 5 万美元和 HMO 可行性研究项目花费的 90%，除非该 HMO 面向医疗服务缺乏(Medically Underserved)人群
初期发展费用	专用拨款合同	公共的或是非营利性的私人 HMO	每个 HMO 不超过 125000 美元，并且不超过初期项目花费的 90%，除非该 HMO 面向医疗服务缺乏(Medically Underserved)人群
	贷款担保	营利性的私人组织	
初期营运费用	贷款	公共的或是非营利性的私人 HMO	每个 HMO 不超过 100 万美元
	贷款担保	营利性的私人 HMO	

资料来源：Esther Uyehara，Margaret Thomas（1975）。

二是法律要求所有符合 1938 年《公平劳动标准法案》（Fair Labor Standards Act of 1938）最低工资规定的雇员，以及雇员平均人数达到25 人的雇主，把加入一个合格的 HMO 计划作为雇主提供的医疗保障选择之一。如果雇员所在区域有合格的 HMO 计划提供医疗服务，那么雇主必须提供这一选择（Esther Uyehara，Margaret Thomas，1975）。

上述被称为双重选择的条款是最重要的，因为它使 HMO 能够进入以往被排斥在外的雇主医保市场。

（2）政府基本医保的民营化改革。

第一，州政府推动医疗救助计划（Medicaid）民营化项目。为了控制州政府举办的医疗救助计划（Medicaid）的成本膨胀，在 20 世纪 80 年代初，美国国会豁免医疗救助法案第 1115 条，以规避该法案禁止对治疗或是选择医生加以限制的条款，允许各州把原来享受医疗救助计划（Medicaid）的人纳入民营化的管理型医疗计划中。美国健康和人力资源部（Department of Health and Human Services，HHS）极力宣扬豁免，希望能够提供给“各州急需的灵活性，以便开发创新的解决方案”（Brase，1998）。

各州做法不尽相同。一些州直接与当地的 HMO 组织签订合同，一些州建立了自己的 PPO 医疗网络，后者对服务价格提供折扣。

截至 2009 年底，3620 万医疗救助计划受益人加入了管理型医疗计划（见图 1），这一数字在 1991 年仅为 270 万人（富兰德等，2004）。1999～2009 年，医疗救助计划受益人中，加入管理型医疗计划的人数占比从 55.8% 提升到 74.5%。

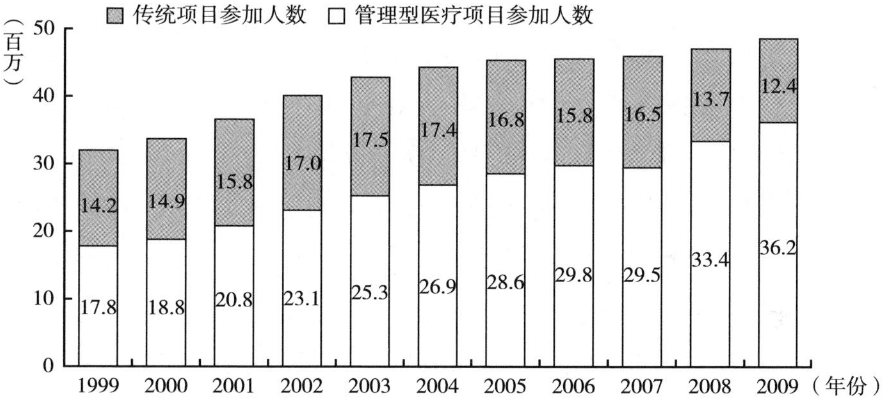

图 1　1999～2009 年美国州医疗救助计划（Medicaid）管理型医疗项目和传统项目参加人数

数据来源：Kaiser Family Foundation database，http：//www.kff.org/。

第二，在联邦立法层面，支持联邦医疗照顾计划（Medicare）民营化。1973 年，美国通过了健康维护组织（HMO）法案，允许私营 HMO 组织向参加联邦医疗照顾计划和州医疗救助计划的人提供服务（Esther Uyehara，Margaret Thomas，1975）。

1982 年，在里根政府推动下，税收权益和财政责任法（Tax Equity and Fiscal Responsibility Act）在国会通过，调整了对参与经办联邦医疗照顾计划（Medicare）的私营健康维护组织（HMOs）的给付标准——按照 Medicare 对居住在每个县的按服务项目付费的受益人经调整过的人均给付的95%进行支付。HMO 从提供标准的 Medicare 福利包所获得的支付超出其成本时，则需要以额外保障或减少参保人成本分担的形式，将差额部分返还给参保人。1994 年，HMO 等私人经办计划平均为 Medicare 受益人提供的额外保障的价值是每人每月 43 美元，到 1996 年，增加到 83 美元（Biles et al. ，2006）。

1997 年的平衡预算法案（Balanced Budget Act of 1997，简称 BBA）设立了联邦医疗照顾计划选择项目（Medicare + Choice），要求在未来 5 年内削减 Medicare 开支 1150 亿美元，到 2007 年削减 3934 亿美元。平衡预算法案一方面强化了竞争机制，扩大了私人经办计划的功能，给予参保人更广泛的对私人经办计划进行选择的范围，包括 HMO、PPO 等（张奇林，2005）；另一方面，为了压缩 Medicare 开支，采用了传统的价格管制方法，改变了对私人保险计划的支付方式，切断了联邦医疗照顾计划经调整后的人均成本与对私人经办计划支付比例的联系，缩小了最高成本地区与其他地区（尤其是乡村地区）之间支付比例的差距。鉴于 BBA 法案冻结了最高成本地区给付比例的增长，使得经办 Medicare 对当地的 HMO 计划缺乏吸引力。此外，尽管提高了农村地区的给付比例，但是 HMO 组织难以在农村地区创建定点医疗网络，人口稀少导致经营成本较高。因此，许多私人保险计划退出了联邦医疗照顾计划选择项目（Medicare + Choice），而那些留下来的私人计划，也降低了提供额外保障的水平。到 2003 年，联邦医疗照顾计划选择项目（Medicare + Choice）的参保人数占联邦医疗照顾计划受益人数的比例仅为 12%，相比 1999 年下降了 4 个百分点（Biles et al. ，2006）。

布什政府对联邦医疗照顾计划的改革思路是：向联邦医疗照顾计划注入更多的私人成分和市场竞争（詹姆斯·莫罗尼，2010）。2003

年生效的联邦医疗照顾计划现代化法令（Medicare Modernization Act），允许在一些领域给予联邦医疗照顾计划私营化项目额外支付，向 Medicare 私营化项目的参与者提供额外保障，吸引受益人加入，扩大 Medicare 私营化项目的覆盖面。

按照布什医改法案的要求，联邦医疗照顾计划在私营化项目上对每个参与者的支出，平均来说要高于传统政府经办项目上的相应支出。根据 MedPAC 统计，2010 年，对联邦医疗照顾计划私营化项目上每个受益人的平均给付额是按服务付费的政府经办医疗照顾计划的 109%（Kaiser Family Foundation，2010e）。这一变革也使得联邦医疗照顾计划私营化项目可以提供更多的保障：70% 的联邦医疗照顾保险计划受益人可以参加某种私营化项目，即联邦医疗照顾计划特惠项目（Medicare Advantage Plan，以下简称 MA 计划），该项目无需他们再为处方药费保险支付保费（Biles et al.，2006）。

这些变革为联邦医疗照顾计划私营化项目吸引了更多的参保人。参与联邦医疗照顾计划私营化项目的受益人数从 2005 年的 530 万增长到 2010 年的 1110 万（见图 2），增长了一倍多。

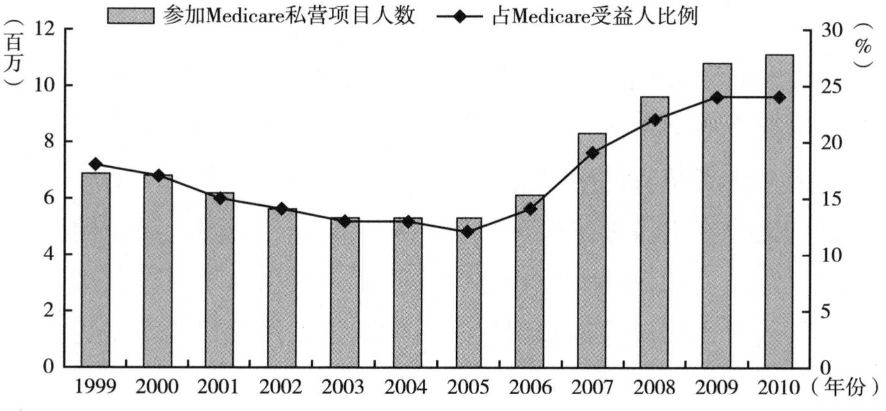

图 2　1999～2010 年参与美国联邦医疗照顾计划私营化项目的受益人数

数据来源：Kaiser Family Foundation（2010e）。

2010 年，有 24% 的联邦医疗照顾计划受益人参加了私人机构举办的 MA 项目，其中的大多数参加了健康维护组织（HMOs）（见图 3）。平均而言，在 2010 年，医疗照顾计划受益人可在 33 种不同的医疗照顾特惠计划中进行选择（Kaiser Family Foundation，2010f）。

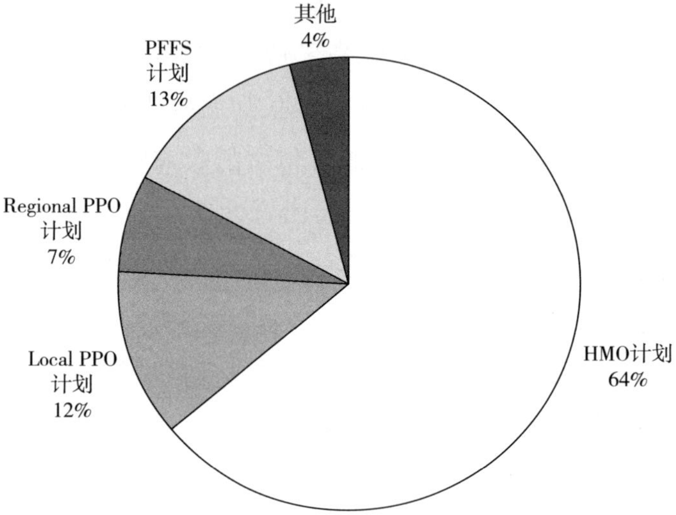

图 3　联邦医疗照顾计划私营化项目分布

数据来源：Kaiser Family Foundation（2010f）。

2. 英国推行以“管理型医疗”为导向的基本医保控费改革

英国是全民公费医疗模式的代表，政府于 1948 年建立了一个全体国民近乎免费享有的国民健康服务体系（简称 NHS），2007 年，英国政府的医疗支出占本国医药总费用的 81.7%[①]。同时商业健康保险也得到一定程度的发展，商业健康保险客户在依然享有公共医疗体系中权利的同时，可以前往私营保险机构的定点医疗机构接受更为优质的医疗服务[②]。

① OECD，Health at a Glance 2009：OECD Indicators，www.oecd-ilibrary.org.

② 阎建军：《国际健康保险业发展路径探讨》，《当代金融家》2015 年第 9 期。

由政府运营的国民健康服务体系（NHS）长期存在缺乏积极性、工作效率低下和对患者服务质量差等问题。1991 年，英国政府正式在国民健康服务体系（NHS）引进“内部市场”改革，将医疗服务购买者与提供者分离。1997 年，英国政府出台措施鼓励私营医疗机构发展。比如，允许保险公司等商业机构投资建立医院，投资方可在一定期限内（一般为 20～30 年）拥有医院的产权并且负责医院的经营管理[①]。另外，政府开始直接向私立医院购买医疗服务。为提升医疗服务的质量和效率，2007 年，英国卫生部开始推行外包服务采购计划（FESC），引入私营保险机构，加强对医疗服务提供方的监督和评估。

2012 年，卡梅伦政府的医改法案（Health and Social Care Act）获得通过，以“管理型医疗”为导向的基本医保控费改革又迈出了重要一步（见图 4）。

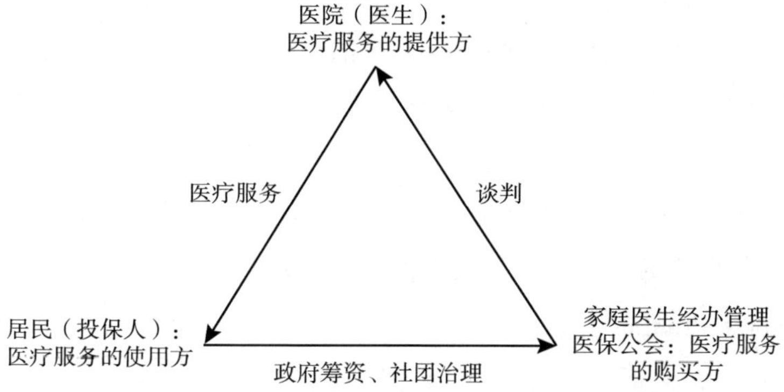

图 4　卡梅伦医改后英国医疗市场三方博弈模型

改革的关键举措是基本医保民营化。撤销了负责向医疗机构分配 NHS 预算的地方行政机构——初级卫生保健信托机构（PCT），代之

① 英国保柏集团北京代表处：《英国医疗保障体系及商业健康保险市场概述》，载中国保险行业协会、中国社会科学院课题组编著《中国健康保险发展报告》，中国财政经济出版社，2010。

以新设立的民间社团——家庭医生经办管理医保公会（CCGs）。CCGs 的最高权力机构是理事会，理事包括家庭医生、护士和二级医疗机构代表，以及至少两名不是 NHS 从业人员的“非专业”人士。所有当地的家庭医生都必须是 CCGs 的会员。

作为由当地家庭医生组成的公会组织，家庭医生经办管理医保公会（CCGs）的法律责任在于经办管理约 2/3 的 NHS 医保基金预算，规划和采购大部分二级和社区医疗服务[①]。具体来说，其职责主要包括两方面：第一，确定定点医疗机构名录和医疗服务目录，一旦 CCGs 决定从某个医疗机构（医生）处购买服务，就必须签订合同，明确规定医疗服务的详细标准。按照合同约定来审查医疗机构（医生）的表现并监控医疗服务是否达成约定的结果，据以在规划当地医疗服务时做出明智的决策，并据以决定将来采购哪些医疗机构（医生）的医疗服务。第二，对当地医疗服务的供给进行规划，CCGs 和地方当局一起使用联合战略需求评估（JSNAs）和联合健康与康复战略（JHWSs）等工具，就当地医疗服务的供给方面的优先事项达成一致。

2015 年，根据新的基本医保经办政策，CCGs 可以选择自行或与 NHS 理事会合作规划和采购家庭医生的初级医疗服务（Primary Care 或者 General Practice）。

CCGs 成立之后，家庭医生被置于医保经办管理的最前沿，内在逻辑是基于他们和患者的日常互动使他们深入了解其需求；作为二级和社区医疗服务的“守门人”，对患者医疗服务过程进行长期和连续的跟踪，能够对医疗服务过程进行监控；作为专业人士，有能力代表 CCGs 与二级和社区医疗服务机构谈判，以获得价格合理且高质量的

① 二级和社区医疗服务的英文名称是 secondary and community care services，具体包括：住院服务、康复护理服务、紧急和应急医疗服务（例如在医院的非工作时间、事故和急诊等）、大多数社区卫生服务、孕产服务、心理健康和认知障碍服务。

服务。

医保基金经办每天都在家庭医生执业过程中发生。例如，当家庭医生将患者转诊到特定医院进行进一步检查或治疗时，家庭医生是通过该转诊从该医院有效地为该患者购买医疗服务。通过 NHS 系统为这个“二级”医疗服务提供者支付治疗费用。家庭医生应当遵循由 CCGs 确定的定点医疗机构名录和医疗服务目录，来决定可以为患者购买什么样的医疗服务。

CCGs 经办管理大多数 NHS 服务，但是其业务性质均有地域性。英国 NHS 理事会负责更适合在全国层面经办管理的医疗服务，其中包括特别的医疗服务（如罕见疾病）、罪犯的医疗保健和军队的一些医疗服务。NHS England 还负责经办管理家庭医生的初级医疗保健服务。NHS 理事会是一体化的政府机构，在英格兰有 27 个分支机构。

在 2018/2019 财年，在英格兰，195 个家庭医生经办管理医保公会，受托管理医保基金 742 亿英镑（见图 5）。

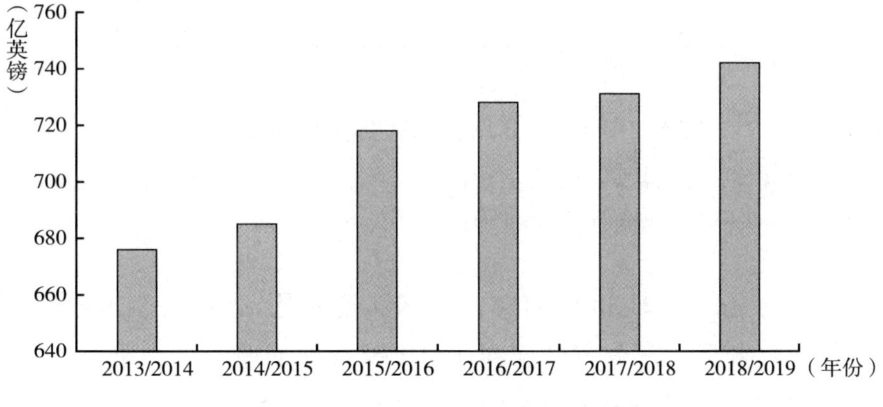

图 5　CCGs 受托管理医保基金额

注：按照 2018/2019 财年的价格指数进行过调整。

数据来源：NHS Funding Allocations：Clinical Commissioning Groups ShadiDanechi Commons Library Briefing，Number 8836，10 October 2018，www. parliament. uk/commons-library。

（三）管理型医疗控费的宏观效果

第一，HMO 等管理型医疗计划抑制了美国医药费用膨胀。美国的 HMO 等管理型医疗计划在 20 世纪 90 年代获得了快速发展，扭转了前 30 年的医药费用膨胀趋势。1961～1990 年，美国医药费用增速超过 GDP 增速 2 个百分点以上，在 90 年代初期二者的差额快速回落，1994～2000 年，二者基本持平，在其中的部分年份，美国医药费用增速甚至低于 GDP 增速①（见图 6、图 7）。

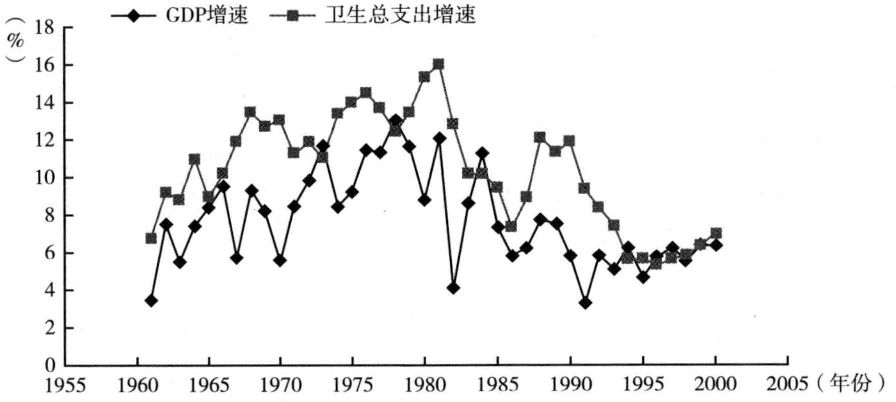

图 6　美国 GDP 增速和医药费用增速对比

数据来源：Centers for Medicare & Medicaid Services，NatinalHealth Expenditures Summary and GDP：Calendar Years 1960－2010. www. cms. gov。

遗憾的是，在 21 世纪初期，美国医药费用又开始过快增长，源于部分消费者和一部分州政府对 HMO 等管理型医疗的激烈反对，导致 HMO 计划的市场份额急剧下降，控费较为宽松的 PPO 计划的市场份额则显著上升（Jesse W. Bradford et al.，2011）。

第二，英国医保基金由 CCGs 负责经办管理，是英国政府广泛控

① 阎建军：《强制私营健康保险：双目标逻辑》，社会科学文献出版社，2013 年。

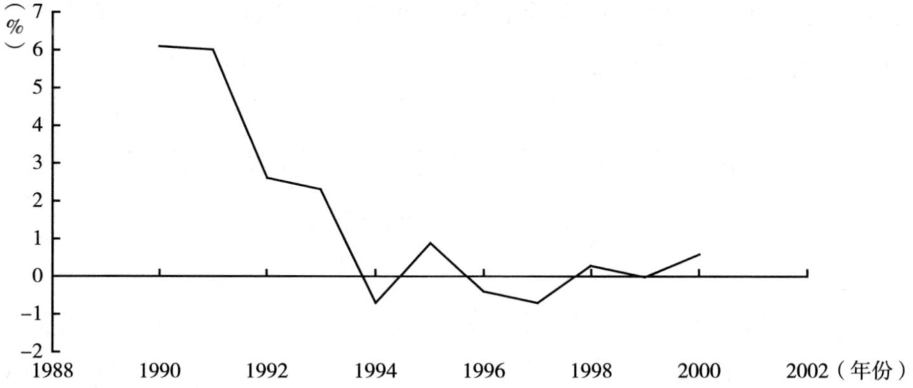

图 7　美国医药费用增速与 GDP 增速差额

数据来源：Centers for Medicare & Medicaid Services，Natinal Health Expenditures Summary and GDP：Calendar Years 1960 - 2010. www. cms. gov。

费安排的一部分，从整体看，取得了一定效果。改革推出两年后，2014 ~ 2016 年，医药总费用增长率基本保持略低于 GDP 增长率水平（见表 4）。

表 4　2013 ~ 2016 年英国医药总费用

单位：亿英镑，%

年份	医药总费用	政府对医药费用支出	医药总费用增长率	医药总费用占 GDP 比例	政府对医药费用支出增长率	GDP 增长率
2013	1713	1360		9.8		
2014	1786	1420	4.3	9.7	4.41	5.34
2015	1850	1469	3.5	9.8	3.45	2.53
2016	1917	1522	3.6	9.8	3.61	3.62

数据来源：Office for National Statistics，“Healthcare expenditure and growth rates in the UK，2013 to 2016”，https：//www. ons. gov. uk。

但是，CCGs 仅负责当地医疗服务的规划和采购，与岗位空缺和设备投资有关的决定仍然由 NHS 的政府行政机构做出，鉴于政府决策的多目标和低效率，在医疗服务出现供不应求时，仍然可能出现手术排队和候诊时间延长的现象①，需要深化改革加以解决。

三　进入21世纪后基本医保改革演变趋势：控费转为价值导向

管理型医疗在有效控制医药费用膨胀的同时，也暴露出两方面的弊端：一是目标单一，仅强调控制医药费用；二是为了控费，HMO也对消费者选择就医的自由进行了较多限制。从20世纪90年代中期开始，美国一部分州政府和一些消费者组织对HMO表示了不满或抵制。

针对管理型医疗弊端，美国的民营基本医保机构和医疗机构开始一起推动整合型医疗（Integrated Care）试点，从成本导向转向以提升医疗服务价值为导向。以提升医疗服务价值为导向，也就是把提升性价比作为目标，上述目标具体分为三种情况：一是在医疗服务质量不变的情况下，降低医药费用；二是在医药费用不变的情况下，提升医疗服务质量；三是降低医药费用的同时提升医疗服务质量。英国整合型医疗试点比美国要晚十余年，采取了“政府许可、民营基本医保机构和医疗机构合作推动”的方式。

在试点取得初步成效之后，价值导向的基本医保改革在美英两国兴起。

（一）整合型医疗试点：价值导向

1. 美国基于价值的按绩效支付（VBP4P）项目试点

20世纪90年代末，美国加利福尼亚州的一些健康保险公司和一

---

① 关于最近几年来英国候诊时间延长的报道，参见《英国候诊时间延长：患者预约13天才能见到医生》，《医院管理论坛报》2017年8月31日。

部分医生组织（Physician Organizations，POs）开始尝试在基本医保支付方式中引入价值导向，鼓励医生组织提供高性价比的医疗服务，对单一的成本目标维度进行了拓展，尝试改变以往基于医疗服务使用管理（Utilization Management）的支付方式。

价值导向的基本医保支付方式试点分为两个阶段。

第一阶段：按绩效支付项目试点。2001 年，按绩效支付项目（California Pay for Performance）（以下简称“P4P”）开始在加州试点，由整合型医疗协会（IHA）倡议并组织实施，全国质量保证协会（NCQA）[①] 制定临床质量评估和审核方法，6 家民营健康保险机构参加[②]，民营健康保险计划（Health Care Plan）包括加州 620 万 HMO 计划/POS 计划的成员。整合型医疗协会负责收集数据，为参加项目的 215 个医生集团（Medical Group）约 45000 名医生安排统一的评估指标，该计划提供美国运营最长的跨越不同地区和多个健康保险计划的医疗质量数据汇总和标准化结果报告。由加利福尼亚州病人维权办公室（OPA）向公众提供医生集团医疗质量报告卡。

P4P 整合型医疗项目试验效果较好，引起各方关注。

一是医疗质量指标得到改善。2004 年，在参评医生集团当中，医疗质量指标获得改善的医生集团数目占比 87%，医疗质量同比平均提高了 5.3%，单项医疗质量同比平均提高了 1.1 个至 10.2 个百分点（见表 5）。2005 年，单项医疗质量同比平均提高了 1.9 个至 4.8 个百分点。

---

① 全国质量保证协会制定和维护临床质量评估和审核方法，并评估和收集有意义的数据用于健康信息技术（MUHIT）领域。大多数临床质量评估均源自 NCQA 医疗保健有效性数据和信息集（HEDIS）©算法，这些算法是管理型医疗行业中应用最广泛的一系列绩效指标。非 HEDIS 算法在规范中注明。

② 6 家民营保险机构是 Aetna、Blue Cross、Blue Shield、Cigna、Health Net、Pacifcare，2004 年 Western Health Advantage 加入，2005 年 Kaiser 集团加入。

表 5　2004 年加州 P4P 医疗质量指标改善样本

评估指标	参评医生集团数目	指标获得改善的医生集团数目	指标获得改善的医生集团数目占比	平均改善百分比
医疗质量总体情况	46	40	87.0	5.3
乳腺癌筛查	167	94	56.3	1.1
宫颈癌筛查	168	130	77.4	5.4
哮喘病管理	132	94	71.2	2.6
糖化血红蛋白筛查	166	100	60.2	3.5
胆固醇筛查	46	41	89.1	10.2

数据来源：IHA 官方网站。

二是患者满意度获得改善。2004 年，在参评医生集团当中，患者体验指标获得改善的医生集团数目占比 65.7%，患者体验同比平均提高了 1.2%，单项医疗质量平均提高了 0.5 个至 2.2 个百分点[①]。

三是信息整合能力提高。2004 年，信息技术（IT）指标至少获得一部分分值的医生集团数目提高了 54%，上一年度信息技术（IT）指标零分值的医生集团当中，有 34% 在 2004 年获得了一部分分值。

第二阶段：基于价值的按绩效支付（VBP4P）项目试点。自 P4P 项目启动以来，包括民营健康保险机构和医疗机构在内的利益相关者主要关注评价和提高医疗质量；然而，在此期间，医药费用继续有增无减。这加剧了人们对加利福尼亚州 HMO 产品长期可持续性的担忧，P4P 项目的利益相关者开始关注成本和质量两方面。

作为回应，P4P 项目把价值目标作为 2011 年之后 P4P 计划的最终目标，价值目标包括成本和质量在内，追求提高医疗服务的性价比。实现这一目标的主要举措是基于价值的按绩效支付（Value Based Pay for Performance，VBP4P），采用了节约分享模式（Shared

① 2005 年患者体验指标获评估方法改变，与上一年度不可比。

Savings Model)，也就是医生组织（POs）作为 HMO / POS 健康保险计划的签约合作机构，为提供给参保人医疗服务的成本和质量负责。新的 VBP4P 项目方案是由民营健康保险机构和医生组织（POs）合作开发的，目的是使医生组织和民营健康保险机构利益一致，努力提供更具价格竞争力的 HMO 产品，具体目标如下。

· 重新进行评价指标的优先级排序，以强调成本控制和可负担性。

· 继续提升质量。

· 实现健康保险计划资源使用措施和支付方法标准化。

· 使用节约分享模式增加对激励项目的资助。

2013 年批准的 VBP4P 指标体系中包含一整套指标，从五个方面评估医疗服务价值。

第一，临床质量。31 项临床质量指标包括过程和结果指标，尽可能使用标准化的国家指标。指标重点关注六个优先领域：预防、心血管疾病、糖尿病、妇产科、肌肉骨骼和呼吸系统。临床领域仅依赖于电子数据源，包括自动索赔和遭遇数据以及补充性的行政管理数据库。

第二，有意义地利用医疗信息技术。医生组织完成了一个在线工具，用于收集该领域 15 项指标的信息，这些指标与 CMS 和国家协调员办公室的 HIT 指标有关，这些指标是对有意义地使用 HIT 的要求。该调查涵盖了 HIT 应用于临床实践中的各个方面，包括使用计算机化的医嘱录入、处方的电子传输、维持活性药物和药物过敏列表，以及记录人口统计特征、生命体征、吸烟状况和门诊临床质量指标。

第三，患者体验。通过患者评估调查（PAS）收集对 PO 中的医务人员医疗服务的患者评价，其与国家 CAHPS 临床医师和医疗团队调查工具一致。2013 年 P4P 指标集中包含的 6 项指标涉及医患沟通、及时获得医疗、医疗协调以及整体医疗服务评级。

第四，适当的资源使用。健康保险计划提交参保人群、索赔和就医遭遇数据，以计算该领域的 12 项指标。其核心指标如下。

· 住院使用率（急性病医疗出院情况、床日数）。

· 住院患者再入院（基于 HEDIS 的全因）。

· 急诊科就诊。

· 门诊手术使用率（在首选机构中完成的百分比）。

· 针对多种疾病的一般处方（抗溃疡、心血管性高血压和心血管疾病、糖尿病、鼻用类固醇、抗抑郁药、抗高脂血症）。

· 低风险分娩的剖宫产率。

第五，医疗总成本。医疗总成本度量的是医生组织中所有商业 HMO/POS 健康保险计划参加者的实际医疗支付，包括所有涵盖的医疗服务种类、药房、医院和辅助医疗，以及行政支付和调整。健康保险计划向数据聚合器报告对所有签约 PO 的每个参保人的付款总额；付款总额当中包括按人头付费和按服务付费，以及支付给 PO 或任何医疗提供方（例如医院、药房等）的参保人自付额。参保人每年超过 10 万美元的费用被截断；计算中不包括精神健康和药物依赖服务、针灸或脊椎按摩服务、牙科和视力服务以及 P4P 质量奖励付款。按照参保人的年龄、性别和健康状况，使用 Verisk 的 DxCG 相对风险方法计算参保人相对风险评分，对参保人的医疗费用进行风险调整（通过诊断代码确定）。值得注意的是，这种方法不会发布单位成本信息，部分原因是健康保险公司与医疗机构合同中的保密条款以及竞争对手获取价格信息的担忧。因此，健康计划不会分享每个住院病人入院费用或 MRI 费用；这些成本汇总成与每个参保人相关的单个成本数字。随着程序的成熟和时间的推移，可能会有更详细的价格信息。

VBP4P 项目试点达到了预期目的，整合型医疗协会（IHA）提供的分析报告表明，参加 VBP4P 项目的整合型医生组织（Integrated Physician Organizations）提供的医疗服务与作为对照组的非整合型医疗网络（Non-integrated Networks）相比，平均质量指数要高出 48%，平均成本要低5%[①]。

2. 英国基于价值的项目试点

2014年10月，英国政府的NHS理事会及其合作机构发布了《NHS五年前瞻指引》，决心推进医疗服务变革以满足国民需求，呼吁跨越医疗组织的边界进行服务整合，更加重视预防，并让患者和社区人群更好地关注自己的健康。它列出了几个新的基于价值的医疗模式，并选择了该国50个地区作为“（Vanguard）先导试验区”率先开展这些模式，其中两个“试验区”的试点情况如下[②]。

第一，“初级医疗和急性病医疗系统（PACS）”项目试验区。该试验区覆盖了英国汉普郡东北部和Frimley的法纳姆，推出了一系列措施对整合医疗进行服务和强化对社区医疗的支持。

·构建五个整合型医疗团队，以支持在自己家中有复杂医疗需求的个人。这些团队包括社区护士、职业理疗师、物理理疗师、社会工作者、护理人员、药剂师、心理健康从业者、老年病学家、全科医生和志愿工作者。

·实施疾病预防和自我医疗护理的计划，包括支持护理人员，培训药剂师和其他专业人员提供自我医疗护理和康复建议，以及社会处方计划——将患者与当地服务和支持联系起来。

·改善初级医疗服务以提高医疗服务的连续性，包括延长家庭医生诊所营业时间；提供在线工具，使患者无需到诊所就可以咨询家庭医生。

·强化对社区整合型医疗的支持。包括在社区全科诊所配备更多种类的初级医疗专业人员，例如物理理疗师和执业药剂师，提供护士

① Integrated Healthcare Association, AMP Commercial HMO Results for Measurement Year 2017, https://www.iha.org/our-work/accountability/value-based-p4p/results-public-reporting.

② The Kings Fund, 2018, “A year of integrated care systems Reviewing the journey so far”, https://www.kingsfund.org.uk/publications/year-integrated-care-systems.

家庭访问服务，引入安全避难所（Safe Havens）提供更好的心理健康危机支持等。

·改善住院与院外服务之间的衔接。例如，安排家庭医生在急诊室和医院病房工作，以帮助出院。

初级医疗和急性病医疗系统（PACS）试点产生了成效，包括三方面：一是急诊住院人数同比减少2%，可避免入院人数减少10%，家庭医生GP转诊人数减少4%；二是急诊就诊率（A&E）处于稳定水平，相比之下，人口统计相似的其他CCG区域的急诊就诊率仍在增长；三是自推出安全避难所以来，与心理健康相关的医院就诊和入院人数减少。

第二，“对于养老院的强化支持”项目试验区。该试验区覆盖了诺丁汉郡拉什克利夫，旨在为当地养老院的老年人提供一揽子支持，增强养老院与医疗机构的协调能力，其运营模式具体内容包括以下几个方面。

·提供家庭医生对养老院的定期走访服务，包括主动审查老年人的药物和护理计划，在老年人入住五天内的例行审查以及入住两周内的综合评估。

·强化社区诊所护士对养老院的支持，他们陪同签约家庭医生定期访问老年人，并通过点对点帮助、培训课程和指向性的专科服务以提升养老院护士工作能力。

·英国老龄协会（Age UK）提供的独立宣传和支持。

·对护理院管理人员提供支持，包括护理院管理人员互动网络以及与家庭医生经办管理医保公会（CCGs）的定期会议。

“对于养老院的强化支持”项目产生了积极效果，降低了养老院老年人的急诊使用率，具体表现为：养老院老年人的A&E急诊室人次占比要比对照组的低29%，并且急诊入院率降低了23%。没有发现对住院时间、选择性入院或门诊就诊人数的任何影响。

（二）价值导向的基本医保改革

1. 美国以价值为导向的基本医保改革

第一，医改法案鼓励政府基本医保民营化项目提高医疗服务质量。2010年生效的美国医改法案（以下简称ACA医改法案）对Medicare民营化计划实施基于质量的支付（Quality-based Payments），如果Medicare民营化计划的质量评级是4星或5星，则可以在2012年获得1.5%的奖励，2013年可获得3%的奖励，2014年及其后可获得5%的奖励，而在一些州县，高评级的医保计划还可以获得双倍的奖励（Kaiser Family Foundation，2010d）。另外，大多数的Medicare民营化计划仅被允许享有竞标额与基准水平差额部分的50%，但是在质量评级中得到3.5～4星的民营化计划，可以享有竞标额与基准水平差额部分的65%，而对于在质量评级中得到4.5～5星级的私人健康保险计划，可以享有竞标额与基准水平差额部分的70%（Kaiser Family Foundation，2010f）。

ACA医改法案生效之后，在2010年至2013年，各州Medicaid当局逐渐采取措施改善医疗质量，例如要求Medicaid民营MCO计划得到NCQA等外部组织认证。2013年，半数以上的综合性的民营MCO计划受益人参加了获得认证的MCO计划，约有3/4的推行综合MCO计划的州采取措施激励民营MCO计划提高质量，包括支付奖金/差价，自动注册优惠待遇，公开报告比较MCO计划关键指标的表现，或与表现指标相关的按人头付费扣留款的返还。

民营MCO计划医疗服务质量的改善自然对投保人产生吸引力，参加Medicaid民营MCO计划的人数从2009年的3620万人增加到2014年的5521万人，占Medicaid参加人数的比例从2009年的71.12%增加到2014年的84.29%；参加Medicare民营MCO计划的人数从2009年的1050万人增加到2014年的1570万人，占Medicare

参加人数的比例从 2009 年的 23.08% 增加到 2014 年的 29.73%（见图 8、图 9）。

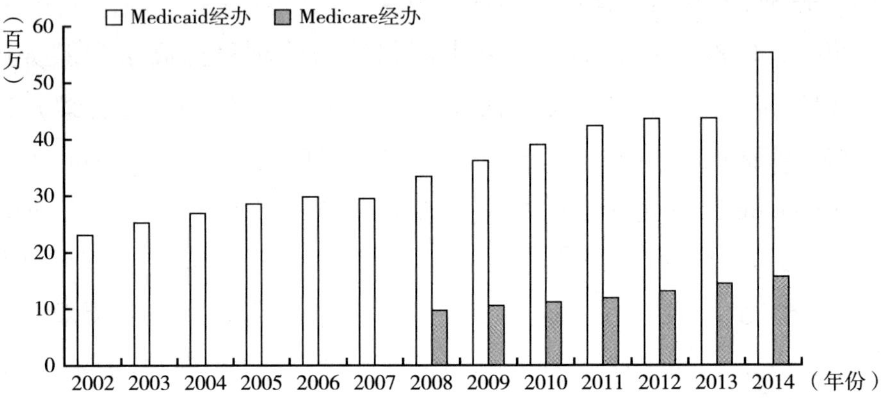

图 8　参加 Medicare 和 Medicaid 民营 MCO 计划的人数

数据来源：Centers for Medicare & Medicaid Services（2016a；2016b）。

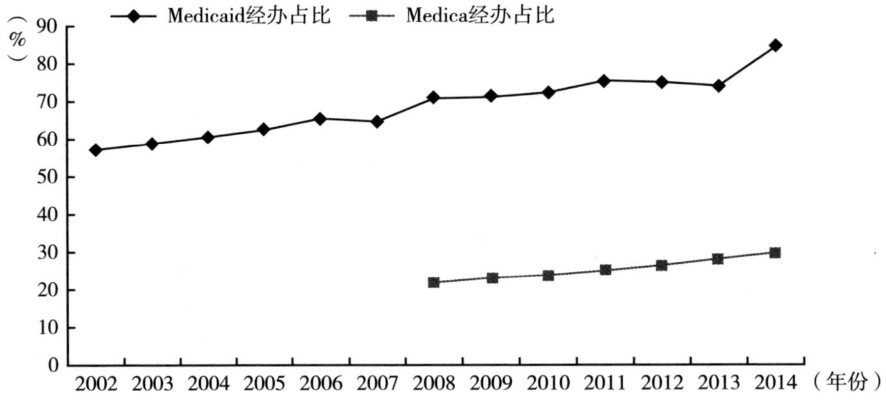

图 9　参加 Medicare 和 Medicaid 民营 MCO 计划的人数占比

数据来源：Centers for Medicare & Medicaid Services（2016a；2016b）。

第二，ACA 医改法案推动改善整合型医疗的生态环境。鼓励负责医疗组织（Accountable Care Organization，ACO）发展，ACO 将医院、医生和其他服务提供方组成共担责任的医疗服务供给网络，鼓励打破不同科室医生之间的沟通障碍，倡导团队医疗，为医疗保险患者尤其是慢性病患者提供一体化的、高质量的医疗卫生保健服务。ACO从政府那里获得额外津贴以实现成本最小化，同时要达到着重预防和缓解慢性疾病的质量标准。如果不这样做，他们将受到处罚。经过近三年的酝酿和试点，2010 年 Brookings-Dartmouth 项目[①]中的 TMC 医生集团依法注册成为第一个 ACO 组织[②]。

在 Medicare 和 Medicaid 项目中实施基于价值的购买计划，为那些具有较高医疗质量和患者服务经验的医院提供额外补偿，目的也是改善医院的治疗质量与效率。

加快医疗信息化建设，鼓励医生使用电子健康档案（EHR）。创建了联邦医疗照顾计划（Medicare）及州医疗救助计划（Medicaid）的 EHR 奖励项目，对使用电子健康档案的医生或医院给予奖励，对不使用电子健康档案的给予处罚。

2. 英国以价值为导向的基本医保改革

在过去，英国国民健康系统（NHS）主要是面向急性病患者，由各医疗专业人士分散提供治疗。进入 21 世纪之后，它现在需要为越来越多的老年人、慢性病患者和多种复杂病况的人提供整合性、连续性和主动性的医疗服务，越来越需要来自多种医疗专业人士的长期协同服务。服务的碎片化以及它们之间缺乏协调和沟通可能导致医疗服务的性价比降低。

2017 年，英国国民健康服务体系理事会（NHS England）制定了《NHS 五年前瞻指引的后续步骤（Next Steps）》，即“利用未来几年

---

① 2007 年，位于布鲁金斯市的 Engelberg 医改研究中心和位于达特茅斯市的健康政策及医疗实践学院开始酝酿发起负责医疗组织（ACO）项目，简称为 Brookings-Dartmouth 项目。Anthem、Humana 和 UnitedHealthcare 三家大型保险公司作为基本医保支付方积极参与实验。

② AriccaD. Van Citters, etc, Four Health Care Organizations’ Efforts to Improve Patient Care and Reduce Costs Commonwealth Fund pub. 1571, Vol. 1.

的时间，集全国之力，推动主要西方国家已有的整合型医疗模式试点”。通过开展“可持续性和转型伙伴关系”（STPs），也就是 NHS 和地方当局构建“以当地为本”的伙伴关系来实现这一目标，要求医保经办管理者和医疗服务提供者等 NHS 组织与地方当局合作，对当地医疗资源和人口健康承担明确的集体责任。国家机构将赋予 STPs 系统额外的权力，以管理当地医疗资源和实施医疗服务变革。

《NHS 五年前瞻指引的后续步骤（Next Steps）》还要求把较为成熟的 STPs 项目发展成为“整合型医疗系统”（ICS）。这些系统将更多地控制跨区域的资金和服务，希望通过跨组织边界的合作，更好地利用现有资源，提高所服务人群的健康水平。整合型医疗系统（ICS）的引入是一个渐进的过程，2017 年 6 月，英国 NHS 当局选择了 10 个区域作为“第一波”整合型医疗系统（ICS）试验区。在 2018 年 5 月，又增加了另外四个区域作为“第二波”试验区。

在《NHS 五年前瞻指引的后续步骤（Next Steps）》中，概述了对整合型医疗系统（ICS）的要求：一是与 NHS 理事会签订绩效合同，在合同中明确要快速提高医疗服务价值和双方认可的绩效目标。二是通过采用“系统总额控制”来管理特定人群的医保资金。三是建立与组织机构问责制相一致的有效的集体决策和治理结构。四是显明医疗团队如何在水平整合的基础上运作（例如，通过构成医生网络的几个医院）。五是显明医疗团队如何同时作为垂直整合系统运作，将医院与家庭医生 GP 和社区医疗服务联系起来。六是部署有力和可靠的人群健康管理，以改善疾病预防，管理可避免的需求并减少不必要的质量差异。七是建立明确的机制，让居民可以在所选择的地方进行治疗。

国家 NHS 行政机构承诺为配合整合型医疗系统（ICS）试点，提供以下支持：一是授权当地医保基金经办管理机构就初级保健和专科服务做出决定。二是为配合支付方式改革，从 2018 年开始实施权力下放转型计划，可以将家庭医生前瞻指引、心理健康和癌症涉及的医保资金捆绑在一起使用。三是简化监督框架，实现相关监管部门对整合型医疗系统（ICS）的“一站式”监管。四是支持整合型医疗系统试点对医务人员重组和灵活薪酬激励的要求。

英国政府发展整合型医疗系统（ICS）还没有明确的蓝图，宽松的政策框架为当地试点创造了很大的自由度，有望打造英国的整合型医疗模式。

上述发展态势对于英国基本医保经办也产生了深刻影响，一是家庭医生经办管理医保公会（CCG）正在合并或建立联盟，并与相关地区的地方当局密切合作，以开展整合型的医保经办管理。二是基本医保经办管理机构和医院正在合作建立整合型医疗系统（ICS），并且由于医疗服务牵头医院（医生）及其合作伙伴之间建立了分包安排，因此组成ICS的医院联盟正在执行医保经办管理功能。三是未来的医保经办管理可能会使用长期的、按价值付费的合同。

四　启示

从国际基本医保控费改革历史和逻辑的统一中，或许可以为优化我国基本医保控费改革顶层设计提供启迪，并为各地医改试点提供借鉴。

第一，行政化的基本医保控费改革面临难题。推行按疾病诊断相关分组付费（DRGs）是基本医保控费改革的主要抓手，其成功实施需要医保支付方对医疗服务实施“精细化管理”和“精细化谈判”，但是，属于政府序列的医保经办机构自身存在控费动力不足问题，上述条件难以满足。

第二，采用医疗服务与民营基本医保的合约化控费模式，现代医疗服务体系的管理型医疗机制逐渐形成并取得试点成效，引发了以

“管理型医疗”为导向的基本医保控费改革兴起。上述改革不能孤军突进，依赖于基本医保的公私合作制，把基本医保的经办管理民营化，让支付方自身有控费的激励。

第三，进入21世纪后，为了解决单一控费目标带来的弊端，基本医保改革从控费转为价值导向。价值导向的改革以医疗服务价值评估为前提条件，推行基于价值的按绩效支付的项目，发展整合型医疗。

B.7

以价值为导向的医改试点：德国黑森林地区案例

阎建军　陈 楠*

摘 要： 德国黑森林金河谷整合型医疗模式，受到国际多家卫生政策权威研究机构推崇。本报告从四个方面探讨了黑森林金河谷整合型医疗模式运行机理，包括组织方式、激励模式、医疗模式和持续改进的机制。最后探讨了对我国以价值为导向的医改试点的启示。

关键词： 德国黑森林地区　整合型医疗模式　医改试点

一　试点背景与概况

截至20世纪末，德国建立了具有本国“社团主义”特色的、面向中低收入阶层的强制基本医保制度，各地的疾病基金会负责经办管理强制性的基本医保基金，疾病基金会的性质是民间社团组织。健康保险业承担的是一部分中高收入人群（2008年的收入为4012欧元/月以上）、公务员和自由职业者的基本医疗保障，遵循民商法的自愿原则。

---

* 阎建军，中国社会科学院金融研究所副研究员，研究方向为健康保险与医药卫生体制改革；陈楠，天安人寿保险股份有限公司精算部高级经理，精算师，研究方向为健康保险。

与经合组织（OECD）类似国家相比，总体来说，德国医药卫生体系在医疗服务可及性、对患者的响应度和患者的自由选择权等方面具有较好的表现，但是，也存在两方面的突出问题（Ashley，2016）。

第一，医疗服务的“碎片化”问题。从机制上把门诊部门和住院部门相分割，前者由法定健康保险医师协会负责，后者由医院协会负责。由于是相互独立地组织和筹资，门诊医生和住院医师之间的服务分离程度比其他国家更严重。例如，德国全科诊所医生通常需要两个多星期才能“在病人出院后从医院收到完整的报告”。碎片化医疗服务体系的缺陷经常受到关注。最明显的问题在很多情况下，住院前、住院期间和住院后的医疗服务是彼此孤立、缺乏配合的，医疗提供者之间欠缺交流沟通无论是在医疗机构内部还是在原来医疗机构之间都是普遍存在的。交流沟通的欠缺导致两方面的问题：一是许多医疗提供者提供冗余的服务，既浪费患者的时间，也带来不必要的医药费用；二是为患者健康带来不必要的风险，导致医疗质量下降。例如，各医疗机构重复进行 X 光透视。

第二，传统的医保支付制度加剧了碎片化医疗服务体系的缺点，导致了明显的无效率。二战后至 20 世纪末这一段时期，德国确立了对执业医师按服务数量付费（Fee for Service）、对医院弥补成本（Cost Coverage Principle）等支付规则。

按服务数量付费制度，一方面，鼓励医生自己提供尽可能多的服务，不管其他提供者是否更有资质还是可以以更低的成本提供特定的服务；另一方面，医保机构对于医生提供的健康促进和预防服务一般不予支付：医生从其在治疗疾病方面所做的努力中得到奖励，而没有获得鼓励去成功地预防这些疾病。

德国黑森林地区以价值为导向的医改试点出现正是为了解决上述问题。试点之所以可行，基于两方面的原因（Hildebrandt，2010）：一是新的立法为试点创造了机会。德国 2004 年通过法定医疗保险现代化法案（GKV-Medinisierungsgesetz），德国的医疗保险机构获准将其总支出的1%用于以价值为导向的整合型医疗项目。自2004年开始实施的绝大多数整合型医疗项目只侧重于少数几个具体的适应症（如髋关节或膝关节手术），通常包括两个部门（如住院医疗和康复），偶尔会包括三个部门（如住院医疗、康复以及手术前后的门诊医疗）。位于德国西南部的黑森林金河谷地区（Kinzig Valley）尝试建立基于人群的整合型医疗系统，对特定人群覆盖所有部门和适应症。所以，试点获得了相关各方的支持。二是试点地区具有一定的基础。1993年，当地的一组全科医生发起设立医生网络组织（MQNK），开始共同努力来解决该地区医疗系统碎片化问题，并为他们日益增多的身患多种慢性病的老龄化人口提供更好的医疗保健。他们认为，如果有正确的激励措施，他们可以提供更适当的医疗服务。毋庸置疑，法定医疗保险现代化法案解决了用于激励措施的经费来源。

然而，医生网络组织（MQNK）认识到，即使存在这些激励措施，他们仅是医务人员，缺乏与疾病基金会等基本医保机构谈判和管理合同的专门知识，也缺乏有效管理人口健康的信息管理系统和技能。所以，他们决定与一家位于汉堡的医疗管理公司（OptiMedis AG）合作，双方发起组建一个新的区域性医疗公司（GesundesKinzigtal GmbH，以下简称“GmbH”），通过医疗公司（GmbH），他们将与该地区的两家基本医保机构签订共享节约协议，以管理其全部参保人的医疗服务和费用，这两家基本医保机构分别是疾病基金会AOK和疾病基金会LKK。该协议的一项关键规定是，如果在任何一年中基本保险机构对参保人群的支付低于预算，他们将与医疗公司（GmbH）分享节余。为了避免暴利，只有超出先前结余的部分才被纳入计算范围。经过长时间的谈判，两家基本医保机构同意签订9年的合同，后来又延长了一年。

德国黑森林金河谷整合型医疗试点就此诞生，因其成功，又被称为“黑森林金河谷整合型医疗模式”。

二　组织方式

黑森林金河谷整合型医疗试点的组织方式包括三个层次：第一，整合型医疗的整体运作机制是基于共享节约协议，签约双方分别是医疗公司（GmbH）和基本医保机构。第二，医疗公司（GmbH）作为整合型医疗的组织者，通过合同方式界定与医疗提供者的关系。第三，参保人（患者）签约参加整合型医疗项目（见图1）。

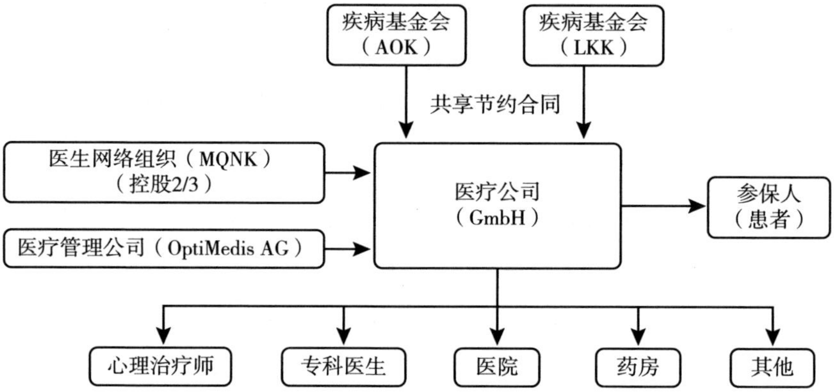

图1　黑森林金河谷整合型医疗试点组织方式结构

资料来源：Alexander（2017）。

（一）共享节约协议的签约双方

签约一方是医疗公司（GmbH），签约另一方是基本医保机构。

第一，医疗公司（GmbH）。它负责黑森林金河谷整合型医疗的协调和组织。该公司成立于2005年9月，由两个机构发起设立，分别是当地的医生网络组织（MQNK）和具有医疗社会学以及整合型医疗管理背景的德国医疗管理公司（OptiMedis AG）。医疗公司（GmbH）约66.6%的股份为MQNK成员所有，从而确保当地医生的利益仍然占主导地位。其余股份由OptiMedis AG持有。根据其公开声明的使命，医疗公司（GmbH）旨在“与患者、医疗专业人员和医疗保险机构合作”，为黑森林金河谷地区的居民提供更有效和更有组织的医疗服务。

医生网络组织（MQNK）提供初级医疗。其成员熟悉该地区和人民，了解该地区医疗系统的优点和缺点。MQNK的医生与医疗公司（GmbH）签订了健康管理服务协议，为整合型医疗项目提供大部分初级医疗服务。MQNK的医生在当地初级医疗市场具有可靠的、长期存在的基础，与病人共同制定健康管理目标，定期审查和调整健康管理计划。大多数签约家庭医生（GPs）是医生网络组织（MQNK）的会员，鉴于医生网络组织（MQNK）又是医疗公司（GmbH）的控股股东，家庭医生（GPs）和医疗公司（GmbH）具有共同的利益关系，但医疗公司（GmbH）仍为家庭医生提供了参与健康管理服务的额外激励措施。

医疗管理公司（OptiMedis AG）负责为医疗公司（GmbH）提供业务管理技能支持。一是负责与基本医保机构谈判、签约和合同相关事宜管理。二是提供疾病预防方面的专业技能支持，包括对健康干预措施和方案进行大量的分析、培训和管理。三是提供医疗数据监测和大数据管理等技能支持。四是向任何提供不属于医保正常支付范围但被认为是为了实现高质量医疗所必需的特别服务付款，并监督该类医疗服务的履行。五是监督整合型医疗项目的绩效评估。

第二，基本医保机构。疾病基金会AOK和疾病基金会LKK都是德国法定健康保险机构，向参保人提供健康保障，并代表参保人和医疗公司（GmbH）签订整合型医疗服务协议，向医疗服务提供者支付费用。黑森林金河谷地区的西部和中部是整合型医疗项目的试点区域，总人口大约有60000名居民，疾病基金会AOK承保约29300人，疾病基金会LKK承保约1700人，二者共承保约31000人，占试点区域人口的一半以上。

（二）以合同方式界定与医疗提供者的关系

第一，疾病基金会与医务人员的关系。必须指出的是，疾病基金会[①]和医疗提供者之间的医保支付正常制度安排和财务现金流并没有被医疗公司（GmbH）所取代，也就是说，对常规医疗服务的支付办法并未改变，因此，这些常规的支付仍然是医疗提供者收入的主要来源。

第二，医疗公司（GmbH）与医疗提供者的关系。只有在常规医疗服务的支付之外，医疗公司（GmbH）才补偿一些不属于医保正常支付范围但被认为是为了实现更高质量医疗所必需的特别服务。[②] 目前，医疗提供者得到医疗公司（GmbH）的此类额外支付，用于对病人进行体检（在病人签约后定期进行）、预判疾病后果并制订个性化治疗计划，包括与病人一起制定目标、参加团队医疗小组会议、制定和实施疾病预防方案，以及慢性病患者的个案管理。此外，医疗公司（GmbH）还承担了医疗提供者额外的IT费用，用于数据交换和医务人员阅读及写入患者电子健康档案记录时的相关费用。所有上述额外的由医疗公司提供的补偿和支付，占医疗提供者其他收入的10%～15%。

截至2010年5月，医疗公司（GmbH）已与52名医生（22名全

---

① 在德国，疾病基金会对医疗提供者服务的补偿是由法定健康保险医生协会（“Kassenärztliche Vereinigung”）进行的，这一中间组织的主要职能是与疾病基金会就医疗服务支付水平进行谈判，并向医生个人发放报偿。

② 因此，尽管管理公司没有向个人医疗提供者支付大部分补偿付款，但它实际上负责该地区的AOK BW和保险人提供的所有服务的全部补偿预算。

科医生、5 名儿科医生、3 名心理治疗师、22 名专科医生）、6 家医院、3 家药品制造商、9 家疗养院、4 家流动疗养院、5 名理疗师、14 家药房、22 家保健和体育俱乐部以及 6 家健身房签订了医疗服务合同。医疗服务合同中详细说明了双方的合作细节。例如，医疗提供者在合同中同意遵守双方认可的准则、标准和诊疗路径，并遵守整合型医疗项目中的病人权利宪章。此外，合同还具体规定了哪些额外的服务可从医疗公司（GmbH）获得单独的补偿支付。

在实施整合型医疗试点的最初几年（即在从目标人群的健康收益得到回报之前），为了避免给医疗公司（GmbH）带来过度的财务负担，该公司的股东同意：

a. 上述特别服务的补偿水平不得超过同等服务的通常补偿数额，这意味着补偿水平仅应视作费用津贴。

b. 所有提供者都应在公司的利润中获得额外份额，这取决于医疗提供者的绩效，绩效指标包括病人的健康结果或病人的满意度。

c. 在整合型医疗项目的前四年（即在预期可持续发展之前），股东不得分配公司利润。[①]

（三）参保人（患者）签约参加整合型医疗项目

医疗公司（GmbH）负责管理黑森林金河谷地区所有 31000 名由两家基本医保机构 AOK 和 LKK 承保的参保人的医药费用预算。这 31000 参保人自动成为整合型医疗一般性项目的服务对象，也有权成为特殊项目的签约成员，从专门为签约人提供的特别服务和方案中受益。此外，未签约的人也会从医疗公司（GmbH）的许多活动中受益，例如其致力于在该地区推动更好的医疗整合或更合理的药物

---

① 幸运的是（从管理公司的角度来看），即使在整合型医疗系统存在的最初几年里，已经实现了相当大的成就。更详细的看下面的评估部分。

治疗。

截至2015年底，各类健康管理和预防项目的签约人数已超过1000人[①]，2008年和2009年签约速度较快。2008年底，参加整合型医疗项目的人数从2007年底的1998人增加到4402人，到2009年底增至6335人。疾病基金会的参保人加入了整合型医疗项目之后，其中只有极少数成员后来选择退出签约：2009年，总共有0.8%的人退出，其中只有0.2%的人“真正”退出，而0.4%的人是因为迁居离开了黑森林地区（因此丧失了整合型医疗成员签约资格）或不再向医保机构AOK BW投保（因此，也不得不丧失其整合型医疗成员资格，这总计有0.2%）。

医疗公司（GmbH）与参保人（患者）关系包括三方面：一是参保人依法自愿参加整合型医疗特殊项目。签约时，不会向被保险人收取额外的保险费或其他费用，签约被保险人可以在每个季度结束时选择不续签。二是参保人只有签约之后，才有权选举病人咨询委员会的成员，该委员会是一个在医疗公司（GmbH）的决策过程中代表病人利益的机构。三是签约人有权与家庭医生共同制订其本人的健康管理计划。

参保人签约时，没有直接的财务激励。因此，消费者对签约的选择取决于预期的健康结果和服务质量，而不是财务利益。这意味着医疗公司（GmbH）和医疗提供者必须能够证明整合型医疗所预期的更高的服务质量和相对健康收益，说服参保人签约。医疗公司认为，这种不受限制的消费者选择是一种有价值的激励。医疗公司（GmbH）

① 黑森林金河谷整合型医疗的发起人有意识地尝试避免鼓励对参保人群进行风险选择。采用对该地区所有参保人而非签约人的贡献率作为经济衡量指标，医疗公司（GmbH）必须改善那些可能承担较高的医药费用人群的医疗质量。因此，签约人群的平均年龄比未签约人群高得多，基本医保参保人当中，签约人群的人均医药费用比未签约人群的人均费用高出大约50%。这证明了黑森林金河谷整合型医疗模式是一种逆向风险选择。

的成功取决于通过适当地对签约医生网络进行管理，改善多病种慢性病患者的健康状况，并帮助保持低风险参保人的健康。

医疗公司（GmbH）必须使其提供的服务具有吸引力，以鼓励参保人选择参加整合型医疗项目，医疗公司为选择这一项目的参保人提供奖励措施，例如对参加健康管理课程的参保人提供健身活动优惠券、延长初级诊疗的值班服务时间，以及与某些医疗提供者的快速预约服务。

签约参加整合型医疗项目的参保人，还享有一系列免费的重要服务，可以概括如下：

1. 改进对所有医疗部门的协调；

2. 一名“受托医生”（或医生助理）随时准备提供额外的个案管理服务；

3. 接受过共同决策培训的医疗人员；

4. 通过双方商定的治疗计划建立更紧密的医患关系；

5. 常规医疗之外的其他健康检查；

6. 常规医疗之外的疾病预防方案——大部分是免费的；

7. 在正常上班时间以外向医生问诊；

8. 健身班和体育俱乐部会员费折扣；

9. 可随时查阅自己在各医疗提供者处的电子健康档案，其中包含所有诊断、治疗和处方记录。

必须指出的是，在黑森林金河谷地区的整合型医疗系统中，病人自由选择的医疗提供者范围仍然是不受限制的：病人可以从任何经法律认可的医疗提供者那里寻求医疗服务，无论这涉及医院、专科医生、全科医生还是心理和物理治疗师，也不论医疗提供者是否与医疗公司（GmbH）签订了合同。不过，医疗公司鼓励签约病人使用定点网络内的医疗服务。当然，最后的决定是由病人自己做出的。

因此，与目前在德国流行的家庭医生“守门人”模式不同的是，黑森林金河谷地区的整合型医疗项目当中的“受托医生”并不负责关闭或打开任何“门”。在该项目中，病人被视为应当对自身健康承担责任，应当参与对自身健康的相关决策。他们应当被合理的证据说服，而不是作为无知的消费者出卖自己的自由选择权以实现外部代理人设定的目标。

表1 黑森林金河谷地区整合性医疗项目的利益相关者

利益相关者	角色和责任	参与的动机
医疗管理公司（OptiMedis）	·具有健康社会学和经济学背景 ·提供合同和管理技能，也提供数据分析支持	·从保险机构那里获得部分共享节约支付 ·通过电子平台中心获得病人全面资料
医生网络组织（MQNK）	·黑森林金河谷地区的跨专业医生网络 ·提供临床医疗服务和具有地方特色的医疗技能，制订病人健康管理计划	·因额外花在价值导向医疗的时间，而获得相当于额外收入的5%～10%的额外补偿 ·定期网络会议，与其他医生合作 ·在共享决策和病人赋权中接受额外的培训
疾病基金会AOK和LKK	·两个签约的疾病基金会，作为整合型医疗机构及其医疗服务的支付方	·共享节约合同鼓励减少对医疗服务的使用，鼓励成本合理的医疗资源使用 ·为病人提供全面的健康管理服务，而无须支付额外费用
健康联合体的签约合作伙伴	·加强必要的医疗服务 ·合作伙伴包括：33名全科医生、16家药店、2家社会服务机构、8家医院、16名护理人员、27名专科医生，10名理疗师	·合同管理、共享数据库维护、培训支持和交流宣传等支持 ·和两家疾病基金会的合作关系

续表

利益相关者	角色和责任	参与的动机
社区合作伙伴	·为签约参保人提供社区康复服务和健康生活方式激励 ·合作伙伴包括:6 家健身中心、38 名志愿者和其他一些社团	·可以接触到大量消费者
病人	·自愿参加整合型医疗项目 ·与医生共同制订健康管理计划或者医疗计划 ·投票选举患者代表	·对各医疗部门的医疗协调得到改善 ·选择一名“信任医生”提供额外的医疗管理服务 ·接受过共同决策培训的医疗人员 ·额外的健康检查和疾病预防服务 ·在正常时间以外向医生问诊的机会 ·健身课程和健身房会员费折扣 ·大多数额外服务是免费的或者低价的

资料来源：Ashley（2016）。

三　激励模式

黑森林金河谷整合型医疗试点项目能否成功，取决于项目的经济可持续性。具体来说，能否在患者、医疗提供方和医疗支付方三者之间找到多赢的解决方案。从理论上说，整合型医疗项目能够改善参保人的健康状况，降低参保人群的发病率，在为患者带来利益的同时，也降低了医保基金当中的不合理支出，这里患者的健康收益和医保支付方的成本节约是“一枚硬币的两面”，双方的利益在整合型医疗项目天然是一致的。所以，整合型医疗项目的经济基础在于能否让医疗提供方共享医保支付方的成本节约，以合同方式构建激励兼容的机制。

黑森林金河谷整合型医疗试点项目的激励模式，是通过共享节约合同实现共享健康收益，其内在机理和合同安排详述如下。

（一）通过共享节约合同实现共享健康收益的经济机理

整合型医疗项目的发起者相信，与常规医疗相比，提高患者的自我管理能力，并将其与加强健康促进和预防项目相结合，将至少在中长期内改善人群健康状况，降低疾病的发病率和疾病流行率。在经济方面，与常规医疗相比，这一健康收益将给疾病基金会等医保支付方带来相当大的成本节约。即使在短期内，在不牺牲医疗服务质量的前提下，也有许多节约医药费用的方法，例如，医生尽量避免使用同等疗效的原研药，重点使用普药；医保支付方对药品实行集中采购，以获得更多折扣。

由于确信黑森林金河谷整合型医疗项目能够带来医保基金成本节约，在2005年，德国西南部最大的基本医保机构——疾病基金会AOK进行了医疗数据系统等方面的大量投资，为这样一个声称能回报人民健康收益的倡议提供必要的资源和先决条件。2006年底，另一家基本医保机构——疾病基金会LKK加入了项目。

真正的挑战是建立一个精准的激励制度，来激励医疗公司（GmbH）及其所代表的医疗提供者愿意提供整合型医疗服务。如果没有适当的激励措施，医疗提供者肯定不会改变他们传统的医疗方式。例如，如果由此产生的相应的医药费用节约与医疗提供者的利益无关，甚至牺牲了医疗提供者的利益，那么项目目标将难以落实。

医疗公司（GmbH）和上述两家基本医保机构之间的合同，从2005年持续到2014年底（如果在2014年没有明确取消的话，将会持续到2014年之后），以奖励医疗公司（GmbH）及其所代表的医疗提供者在改善人群健康方面的努力。

根据合同，医疗公司（GmbH）的财务收入是在两家基本医保机构的收益和成本分析的框架内计算出来的，示例如下（参见表2）。

表2　共享节约合同的财务安排示例

单位：亿欧元，%

年份	标准成本	实际成本	健康收益	健康收益率	△健康收益率
2005	1	0.99	0.01	1	
2008	1.2	1.1	0.1	8.3	7.3

医疗公司（GmbH）的财务收入等于在其推行整合型医疗前后黑森林金河谷地区签约人群健康收益率的变化。

经济机理在于，假设对健康促进和预防方案的相关举措将在中期和长期内得到回报，而且医疗服务的更好协调和更合理的药物治疗即使在短期内也会产生效果，从而补偿最初的投资成本。因此，在项目实施后，签约人群医保基金的实际成本将以比其标准成本更低速度增长，从而提高了随后几年的健康收益率。

具体来说，试点地区的签约人群的健康收益等于其标准成本①与实际成本之间的差额。如表2所示，如果假设该签约人群2005年的标准成本为1亿欧元，其实际成本仅为9900万欧元，则健康收益为100万欧元。这相当于100万欧元/1亿欧元＝1%的健康收益率。如果在2008年，干预地区的标准成本为1.2亿欧元，实际成本为1.1亿欧元，则健康收益为1000万欧元，健康收益率为1000万欧元/1.2亿欧元＝8.3%。相较于项目开始前的健康收益率（2005年为1%），可归因于整合型医疗项目贡献的健康收益率为8.3%－1%＝7.3%。

基本医保基金的“标准成本”一词详细解释如下：在德国，具

① 德国的“标准成本”的计算将在下面解释。

有特定风险特征（年龄、性别、收入、获得收入能力下降[①]）的参保人的标准成本等于经风险调整的成本。标准成本，是由联邦保险机构（Bundesversicherungsamt）在管理德国风险补偿机制（即风险平衡机制）的范围内计算的。由于医疗公司（GmbH）签约人群的标准成本是按规则“给定”的，不受医疗公司（GmbH）的影响，在“共享健康收益”的激励机制下，该公司的目标必须是使签约人群的实际成本增长比标准成本增长得更加平缓（Bend the Cost Curve），如黑森林金河谷地区签约人群的实际成本增长率低于其标准成本增长率，医疗公司（GmbH）及其所代表的医疗提供者将从项目中获得财务收入。

按照上述“共享健康收益”方法，医疗公司（GmbH）及其所代表的医疗提供者就可以与基本医保机构以合同方式构建激励兼容机制。

（二）共享节约合同的若干细节[②]

在分析了“共享健康收益”机理之后，需要进一步报告医疗公司（GmbH）与基本医保机构之间合同的若干细节。

1. 整合型医疗的贡献指标——健康收益率的变化，是把 2003 ~ 2005 年黑森林金河谷地区签约人群的健康收益率的平均值作为基准，其中 2004 年的权重较高，因为这是医疗公司（GmbH）没有实施整合型医疗举措，从而没有对健康收益率产生任何贡献的最后一个完整年度。

---

① 从 1994 年到 2008 年，这些风险特征是决定德国法定健康保险公司的风险结构补偿支付的关键变量。从 2002 年起，增加了“参与国家疾病管理计划（DMP）”的变量。从 2009 年起，“参与 DMP”再次被作为关键变量被去掉。同时，引入了新的医保人员发病风险结构的补偿规定。

② 参见 Hildebrandt(2010)。

2. 基准期2003~2005年，黑森林金河谷地区签约人群的健康收益率的平均值达到1.56%。因此，例如，假设2008年的签约人群的健康收益率大约为4.56%，这意味着，可归因于医疗公司（GmbH）的健康收益率变化为4.56%－1.56%＝3%。

3. 截至2007年6月30日，医疗公司（GmbH）根据2004年德国通过的法定医疗保险现代化法案（见背景部分），获得了项目的一部分启动资金。然而，从2007年7月开始，医疗公司（GmbH）的收入完全来自签约人群不断提高健康的收益率，即来自实现医保基金成本节约。

4. 相对于起点的1.56%而言，签约人群健康收益率的增加意味着两家基本医保机构的利润，而利润被归因于医疗公司（GmbH）的经营活动。这一利润将根据事先达成的协议在医疗公司（GmbH）和基本医保机构（疾病基金会）之间分配。作为一家营利性公司，医疗公司（GmbH）可以将其利润再投资于更多的疾病预防项目或健康促进技术，或将部分利润分配给股东。

5. 签约人群健康收益率的下降（相对于1.56%的起点）意味着基本医保机构应承担亏损。这种亏损意味着医疗公司（GmbH）的整合型医疗业务活动没有任何回报。同时，亏损也为基本医保机构提供了退出选择。

6. 当签订合同的基本医保机构认为会损害他们的利益的时候，也可能会选择退出。可能的原因，例如，医疗公司（GmbH）虽然可能成功地盈利了，却是通过降低其医疗质量导致大量的被保险人退出签约。

总之，医疗公司（GmbH）与基本医保机构之间的合同可以在其经济实质上被认为是共享节约合同。该合同为医疗提供者和管理人员提供了必要的激励，以使其创造更有效果和更有效率的医疗服务。因此，共享节约合同为整合型医疗试点项目实现更大的健康收益提供了一个恰当的合同基础。这一论点所依据的假设是，人群健康的改善将导致医疗成本节约，这一假设也是医疗公司（GmbH）经营理念的核心。

四 医疗服务模式

黑森林金河谷地区整合型医疗的服务模式侧重于复杂需求和高成本的患者，因为德国传统医疗系统不能很好地为该人群提供以价值为导向的医疗服务，但也强调提供疾病预防和健康促进等为签约人群创造长期价值。

医疗服务模式包括四个支柱：对目标人群进行分层，提供有针对性的健康管理和预防方案，加强相关医疗服务的协调与整合，持续改进的机制。

（一）对目标人群进行分层

与该地区其他参保人群相比，黑森林金河谷试点地区参保人群的特点是经济地位较低，人口老龄化程度较高，其中 17.8% 的女性人口和 11.5% 的男性参保人年龄超过 75 岁，并且非传染性疾病的风险较高。

医疗公司（GmbH）鼓励医疗服务提供方识别患者的健康风险，并将其纳入适当的个案管理计划或者疾病预防计划，这被称为“倒置的风险选择”。该公司还使用预测建模和其他数据分析技术对患者进行风险分层。

医疗公司（GmbH）利用了其股东 OptiMedis 公司的数据平台，该数据平台的作用有两方面：一方面是收集医疗保险机构、医院和医疗服务提供者的数据，以便进行分析；另一方面是在医疗服务提供者之间建立联系，以便在整个系统中跟踪签约人群。数据平台包括保险公司有关索赔、诊断、医疗服务、处方和住院的数据，以及来自服务提供方的数据。这有助于他们识别高风险患者，预先监测和制订健康干预计划，跟踪医疗服务质量和结果。此外，集中化的数据平台使所有签约医生能够访问系统内其他医疗提供者的相关信息。

利用数据平台，医疗公司（GmbH）将签约人群分为四个层次，分别是健康人群、低风险人群、风险增高人群和高风险人群，并为每个群体制定单独的健康管理方案。例如，他们利用强有力的数据支持来分析每个群体所需的健康干预措施，并制定改善健康管理和降低成本的策略（见图2）。

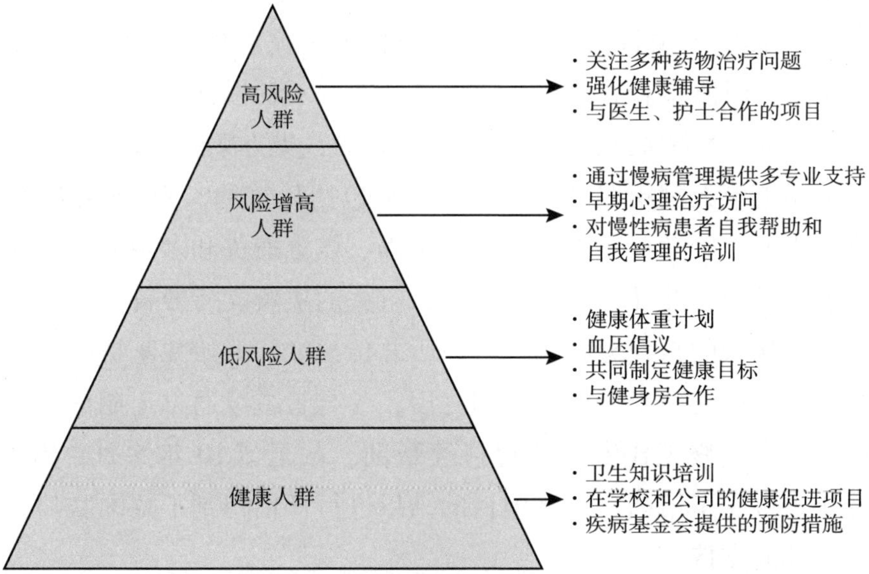

图2　人群健康风险分层和干预

资料来源：参见 Ashley（2016）。

对数据进行全面分析，使他们能够及时采取健康管理和预防方案，以防止高风险患者和风险增高患者的健康恶化而导致额外的费用，例如采取预防措施以降低住院的可能性。

（二）提供有针对性的健康管理和预防方案①

有针对性的健康管理和预防方案可以和签约人群健康风险分层状况相匹配，这些方案的主要目标是改善签约人群的总体健康状况，提高他们的生活质量。

为了达到最佳效果，黑森林金河谷试点地区的健康管理和预防方案主要针对那些对患者健康状况有重大影响的常见慢性病，并提供有效的干预措施。对于那些在最初的健康检查中被发现有可能患上某些疾病的患者，医疗公司（GmbH）提供了预防这些疾病或至少推迟疾病发作的方案。例如，对于糖尿病等慢性病患者，医疗公司（GmbH）提供了预防糖尿病足等并发症的方案。所有这些方案在实施后都会被不断审查和改进。此外，方案针对的慢性病范围在不断扩大。下面简要介绍截至2010年5月实施的八类方案。

一是老年人健康促进计划。该方案包括从签约人60岁开始每年安排半天的健康教育，重点是饮食营养、体育锻炼和参与社会活动等健康素养教育，此外，还提供与健康有关的决策支持教育。这些课程旨在提高病人的自我健康管理能力，并传授如何开始并坚持有效的健康行为。在最初的半天课程培训之后，参与者继续通过定期信件联系和健康教育进修工作室等获得持续帮助。截至2010年5月，有511名老年人接受了培训。对该项目的结果进行评估得到了德国联邦教育和研究部的支持。②

二是两种对慢性心力衰竭患者的干预方案。两种方案都依赖相同的基于循证的治疗指引，但是在对病人的管理方式上有所不同：在方案（A）中，通过电话对病人进行监督，此外，病人的健康由一家专

① 参见 Hildebrandt(2010)。

② 评估由冯·德姆·克内斯贝克教授（Prof. von dem Knesebeck）（汉堡大学医院医学社会学研究所、Hamburg-Eppendorf 大学医院、汉堡大学）进行。

业远程监护服务公司实施的远程监测来控制。在方案（B）中，主要由助理医生或执业护士组成的专门小组负责，他们通过定期的个人联系，例如通过家访或电话进行个案管理，来实施健康管理方案。①

三是体重达标方案。这是为血糖水平高、体重指数（BMI）高和体脂代谢紊乱（代谢综合征）患者提供的干预方案。该方案包括两方面的相互结合的措施：一是生活方式干预，例如营养搭配和体育锻炼等；二是定期监测患者的血糖水平（由医生或患者自己进行）。

四是一项针对骨质疏松风险人群的干预计划。该项目提供一项筛查测试，有时还包括对患者骨密度的测量，以查明患者是否有患骨质疏松的风险。有患骨质疏松风险的病人，根据他们的风险评分可接受有关营养和预防活动以及维生素 D 和药物治疗方面的咨询。此外，物理治疗师和专门的健身教练制定了一项量身定做的体育锻炼方案，可由患者在理疗师的诊所或健身房进行。根据风险评分，这些锻炼方案由医疗公司（GmbH）支付，并免费提供给黑森林金河谷地区的签约人群。截至 2010 年 5 月，已有 455 名患者参加了这一方案。

五是戒烟计划。入组患者可以选择四种戒烟方案：医学治疗（依靠有助于戒烟的新药物）、针灸、催眠和团体行为疗法。此外，医疗公司（GmbH）还鼓励企业创造无烟工作环境，并通过提供具体的奖励措施，例如健身优惠券，鼓励员工戒烟。

六是一项由心理治疗师或精神科医生在个人危机的情况下提供即时短期干预的方案。该方案为遭受严重个人危机并表现出抑郁、恐慌或焦虑症等症状的病人提供最多七次的应急治疗。在常规医疗安排中，几个月的等待期在黑森林金河谷农村地区是很常见的，常常使上述疾病产生本可避免的恶化，这不仅会加剧患者的痛苦，而且可能导

---

① 在其个案管理活动中，实习护士或助理医生采用与海德堡大学合作开发的简短标准化问卷进行调查。

致昂贵的医药费用。

七是社会性个案管理。患有复杂社会问题或成瘾障碍的患者可得到社会工作者的帮助。这些社会工作者与疾病基金会 AOK 合作，并与有关的“受托医生”密切合作。

八是加强对入住养老院老年人的医疗服务。养老院的老年人常常在自己的医生不值班的晚上或周末需要紧急护理。不幸的是，急诊医生不了解病人及其病史，通常他们必须送老人去住院。该方案为护士和医生制定了联合指引，为下班时间工作上门服务的全科医生提供资金，并提供预防骨折和感染的护理设施。

这八项护理管理和预防方案是由医疗公司（GmbH）和与其签约的医疗提供方制定的。此外，医疗公司（GmbH）鼓励签约患者参加糖尿病、冠心病、乳腺癌、哮喘和慢性阻塞性肺病等的全国性慢性病管理方案（DMPs）（见表 3）。

表 3　黑森林金河谷整合型医疗试点中的健康管理和预防方案

方案名称	实施年份	参与该方案的患者数（截至 2010 年 5 月）
慢性心力衰竭（“StarkesHerz”）	2006	67
代谢综合征患者的生活方式干预（“GesundesGewicht”）	2007	122
戒烟计划（“无烟 Kinzigtal”）	2007	128
老年人健康促进计划（“AGil”）	2007	511
心理治疗师/精神病医生对急性个人危机的干预（“Psychotherapieakut”）	2007	126
骨质疏松症/骨质疏松性骨折的预防（“Starke Muskeln，festeKnochen”）	2008	455
社会性案例管理（“SozialerDienst”）	2008	78
DMP Ⅱ 型糖尿病	2006	830
DMP 冠心病	2007	288
DMP 乳腺癌	2006	18

续表

方案名称	实施年份	参与该方案的患者数（截至2010年5月）
DMP 哮喘	2008	100
DMP 慢性阻塞性肺病	2008	154
患者大学	2007	1070
养老院中的老年人医疗服务（"ÄrztePlusPflege"）	2009	124

资料来源：Hildebrandt（2010）。

除了这些经典的健康管理和疾病预防方案外，黑森林金河谷整合型医疗试点项目还推广了其他一些方案，其中包括"健身运动"方案，向签约人群提供优惠券和会员折扣，鼓励参加体育和健身俱乐部（包括舞蹈和合唱团）。此外，还为签约人群开设了水上运动培训课程、在工作场所促进健康的方案、与学校合作开展的健康促进活动、改善养老院医疗服务的方案，还有一所"患者大学"，其中包括定期的健康教育和由医学专家为病人提供咨询报告。这些"患者大学"课程非常受欢迎，截至2010年5月，超过1000人参加了课程。

（三）加强相关医疗服务的协调与整合

第一，采用跨学科医疗团队，包括全科医生、专科医生、心理治疗师、物理理疗师和社会工作者等。还使用非医疗服务来改善健康状况。例如，医疗公司（GmbH）与药房、健身房、提供工作场所健康促进服务的私营公司以及成人教育中心达成协议，由它们提供非医疗服务。通过这些安排，能够在适当情况下将医疗从高成本的医疗服务提供者转移到具有更高性价比的服务提供者。

患者可选择一位"照管医生"（Doctor of Trust）——整合型医疗网络内的任何一位全科医生、专科医生或心理治疗师——负责健康评估，引导患者就医，协调医疗并且管理出院后的所有后续医疗。

加强后续护理和个案管理。在病人出院或康复后，后续护理缺乏协调是德国医疗体系中最明显的缺陷之一。通过促进医院与其他医疗提供者的合作，例如通过共同制定诊疗路径，使各部门的医疗服务和电子病历保持同步，为更好地协调后续护理创造了条件。依靠这些新的制度化手段，病人的“照管医生”及其助手负责后续护理过程中各医疗部门的无缝衔接。通过提高后续护理的质量，能够防止不必要的和昂贵的再次住院。

另外，通过配备病例管理员和训练有素的医生助理，会将医生从低技能医务人员可以执行的任务中解放出来。

第二，患者和医疗提供方之间的共同决策。患者和医疗提供方之间的共同决策分为两个层次。第一层次，是患者参与医疗公司（GmbH）的公司治理。具体做法是在医疗公司（GmbH）设立了患者监察员和患者咨询委员会，以确保在医疗公司（GmbH）做出重要决定之前充分考虑患者的立场。鉴于该公司是黑森林金河谷整合型医疗试点项目的组织者，这就从制度上保证了整合型医疗试点围绕患者的利益展开，同时也提高了试点项目的透明度和消费者的信任度。第二层次，患者积极参与治疗决策。每当签约人被发现有患某种疾病的风险时（例如，在签约人登记时例行进行的全面健康检查过程中），医生、健康教练和患者应一起制定个人治疗计划并商定互动治疗目标。医疗公司（GmbH）为医生提供个案管理知识、共同决策培训方案和额外的财务激励，支持他们为患者提供健康教育方案，帮助患者参与治疗决策。

第三，患者自我管理计划也支持医疗协调。自我管理计划包括为慢性病患者提供免费运动课程，以折扣价格吸引参保人成为医疗公司（GmbH）自有的健身机构（医疗健身房）会员；为患有高血糖、抑郁或背部疼痛等问题的患者提供戒烟、营养和健康咨询，使患者获得自我管理技能。另外，医疗公司（GmbH）为患者提供了一款智能手机应用程序，患者可以使用该应用程序来追踪他们的运动，并获得运动器材和日用品购物的折扣奖励。促进患者参与的其他努力包括聚焦于提高应对技能的慢性病自我管理计划（摘自斯坦福慢性病自我管理计划），以及通过使用在线交流工具以减少不必要的医疗预约等待时间。

黑森林金河谷整合型医疗项目的发起人确信，帮助患者提升自我管理能力并积极参与治疗决策，可以使患者成为自身健康的“共同生产者”，促进项目签约人群的健康改善，相关各方也能从中获得持续的收益。

第四，构建医疗信息平台，支持医疗服务的协调与整合。医疗公司（GmbH）在全系统范围采用了电子健康档案（EHR），提供了查阅通道。患者信息以高度加密的方式存储，然后被传递给每个由患者授予密钥卡的医疗提供者。因此，患者是其医疗数据的所有者，并拥有处置的专属权利。在获得患者授权后，医疗提供者之间可以进行迅速和准确的数据交流，这是提高医疗保健质量的一个重要先决条件，能够减少药物之间的不良反应，避免昂贵的甚至有时具有高风险的多余服务。整合型医疗试点项目还实施了“开放健康档案”项目，以便患者直接访问，此外，还采用了医患在线沟通工具，以减少不必要的路上时间和等待时间。

第五，提高医疗服务的及时性。在黑森林金河谷的不同区域，医疗资源的发布是不平衡的，例如，在某些地区，与心理治疗师的成功预约可能需要几个月的时间，因此，当患者需要紧急的心理治疗服务时，医疗公司（GmbH）作为整合型项目组织者，可以启动应急计划，调动心理治疗师和精神病医生进行应急干预，以便及时提供患者所需的医疗服务。作为回报，这些提供了应急服务的医疗提供者可以从医疗公司（GmbH）获得额外收入。

五　持续改进的机制

黑森林金河谷整合型医疗试点项目采用了外部和内部评估机制[①]，持续进行评估，及时公布的一系列具操作性的评估信息，帮助医疗提供者识别持续改进的机会

（一）内部评估

医疗公司（GmbH）在跟踪指标状况时，使用综合性的电子健康档案（EHR）数据库、患者调查数据和健康管理公司（OptiMedis AG）开发的业务智能系统，健康管理公司（OptiMedis AG）也是医疗公司（GmbH）的股东。两家疾病基金会 AOK 和 LKK 作为基本医保经办管理机构，为业务智能系统提供数据，数据包括基本理赔信息（年龄、性别、居住地）、门诊医疗诊断和服务信息、医生处方信息、住院信息（入院/出院诊断、住院时间、手术和治疗流程、按疾病诊断相关分组）、病假信息和养老院护理/长期护理信息。医疗公司（GmbH）还公布其实现的成本节约（标准成本与实际成本之间的差异）和其他评估。

医疗公司（GmbH）使用一系列指标来评估整个整合型医疗系统的绩效，上述指标涵盖了医疗可及性、质量、患者体验和成本节约等方面。具体来说，绩效指标包括患者人均医药费用、患者对医疗提供方的满意度、可避免负面健康结果的患者百分比、遵守临床指南的患者/医生百分比、患者生活质量、可避免住院患者的百分比、使用抗生素治疗的患者百分比和整合型医疗患者的百分比，包括患者、咨询委员会和医生在内的一系列利益相关者参与了指标制定过程。数据来

---

① 参见 Alexander（2017）。

源包括索赔、患者满意度调查和其他结构化文件。

绩效指标可以帮助医疗服务提供方确定提高医疗服务价值机会。例如，家庭医生（GP）每季度都会收到绩效反馈报告，这被称为“健康服务驾驶舱”（HSC）。这些基于网络的交互式报告包括该医生与整合型医疗系统内外的其他医生相比的有关绩效指标数据。“健康服务驾驶舱”还提供每个指标在病历、患者或服务水平等方面的详细信息。此外，医疗公司（GmbH）还提供新闻通报，举办医生主导的质量审查会议（被称为“质量圈”），举办医务人员与医疗公司（GmbH）首席执行官的年度交流会议，从上述渠道获得的信息可为医生改善医疗技能或者提高个人声誉，为医生改善医疗实践提供非财务激励。

（二）外部评估

医疗公司（GmbH）推出了由国际标准化组织（ISO）认证的质量管理体系。外部质量机构（DQS）每年对整合型医疗项目进行审核，医疗公司（GmbH）根据审核结果每两到三年进行一次改革。

医疗公司（GmbH）还委托独立的科学评审机构（EKIV）等进行外部评估。自2006年以来，科隆大学与EKIV合作，将黑森林金河谷整合型医疗试点项目的服务质量与两家疾病基金会（AOK和LKK）在其他地区参保人群的传统医疗服务质量进行了比较。该研究每年更新一次。结果公开发布以确保透明度和问责制，并被内部用于持续改进医疗绩效，即与医生和其他提供方讨论并纳入“医疗服务驾驶舱”（HSC）。

从理论上说，整合型医疗试点项目的健康收益或者成本节约也可以来自医生们推迟或拒绝提供必要的医疗服务。在这种情况下，成本节约将通过对医疗服务的不充足使用来实现。为了获得关于医疗服务是否存在使用不足的独立证据，医疗公司（GmbH）和两家合作的基本医保机构为独立研究机构评估该系统提供了可观的预算支持。2006～2007年，启动了几个独立的评估项目，调查了与整合型医疗试点项目医疗质量有关的领域。调查医疗服务使用不足的一个关键项目是关于“过度、不足和误用医疗服务”[①] 的研究（简称为OUM研究）。OUM研究的核心问题是，与采用传统医疗的参保人群相比，在整合型医疗试点地区，针对某些疾病的医疗服务使用指标是否表明存在医疗服务的过度使用、使用不足和误用的情况。OUM研究的实验组是两家基本医保机构（AOK和LKK）在黑森林金河谷地区所有参保人（n＝31000），对照组是上述两家基本医保机构在德国巴登—符腾堡州[②]其他地区的参保人，样本量约为50万人。

六　试点效果

黑森林金河谷整合型医疗试点效果表现为以下三方面[③]。

第一，健康结果持续改善。德国科学评审机构（EKIV）与科隆大学的一项研究表明，黑森林金河谷整合型医疗项目已经降低了成本，更好地配置了服务，并改善了健康状况。在这项研究中，在被诊断为骨质疏松症的患者中，试验组的骨折患病率至少比年龄调整后的接受标准医疗保健的对照组低10%。一项关于心力衰竭患者死亡率的研究表明，参加黑森林金河谷整合型医疗项目的患者的死亡率比对照组低10%。另一个最近的涵盖了2006～2009年准实验研究，发现与对照组相比，在黑森林金河谷整合型医疗项目签约的参保人群潜在寿命损失年数合计减少了635年（参见表4）。

第二，患者满意度提高。92%的签约患者愿意向亲友推荐黑森林

① OUM是“Overuse，Underuse and Misuse”的首字缩写。
② 黑森林金河谷地区属于德国巴登—符腾堡州。
③ 参见Alexander（2017）。

金河谷整合型医疗项目。另外，24%的受访者表示，他们现在的生活“更健康”，比参加整合型医疗项目前更好（参见表4）。

第三，成本节约取得成效。与对照组相比，2007～2014年黑森林金河谷整合型医疗项目节省的总成本约为3820万美元①。2014年，也就是在整合型医疗项目实施之后的第九年，每名被保险人的成本降低7%，总计节约成本约为700万美元②。

2008～2014年，疾病基金会AOK的每年成本节省约为70万美元。2005～2010年，与对照组相比，疾病基金会LKK在黑森林金河谷地区的参保人人均成本节省约416美元③，降低了17%，成本节省的部分原因是住院人数增长率较低——2005～2010年，疾病基金会LKK在黑森林金河谷地区的参保人群住院人数仅增加了10%，而对照组的住院人数增加了33%，二者相差23%。

表4　对黑森林金河谷整合型医疗项目的相关研究

维度	指标	结果	来源
健康结果	骨质疏松症伴骨折患者%（指数:2005年）	比对照组少7%	Köster等
	潜在寿命损失年数（YPLLG）	与对照组相比，在整合型医疗项目签约的参保人群潜在寿命损失年数合计减少了635年	Pimperl等
	死亡时的平均年龄	干预组死亡时的平均年龄高出约为1.4岁	Pimperl等
患者体验	改善健康	24%的受访者表示，他们现在的生活“更健康”，比参加整合型医疗项目前更好	GEKIM调查
	患者满意度	92%的患者愿意推荐整合型医疗项目	GEKIM调查

① 按照2014年底美元汇率。

② 按照2014年底美元汇率。

③ 按照2010年底美元汇率。

续表

维度	指标	结果	来源
成本效益	相对于黑森林地区人口正常预期的医药费用，节省的费用	2014 年：700 万美元（7%）	GesundesKinzigtal GmbH

注：在不同的研究当中，所采用的干预组和对照组有所不同。
资料来源：Alexander（2017）。

七 启示

从德国黑森林金河谷整合型医疗试点经验看，政府有关部门或保险机构在我国未来推行以价值为导向的医改试点时，应当关注四个方面。

第一，构建经济可持续机制。医疗公司（GmbH）作为医疗提供方的代表与基本医保机构①之间的共享节约合同为整合型医疗项目提供了经济基础，共享节约合同至少使医疗提供方和医保支付方的利益部分地一致，相比较而言，德国传统的以医保基金预算为上限和按服务数量付费（FFS）的医疗服务体系中，医疗机构更愿意提供更多数量的医疗服务，导致过度医疗问题，医疗提供方的利益通常与医保支付方的利益相对立。合同期长达十年以上，为健康管理和疾病预防方案取得效果提供了时间上的保障，也为相关各方从初始投资取得长期回报提供了实践上的保障。

第二，构建“倒置的风险选择”机制。在推行整合型医疗试点时，医疗机构有两种可能的收入来源：一是更有效的跨医疗科室、跨医疗机构的医疗协调，积极实施慢性病管理和疾病预防方案，实现医

① 两家疾病基金会。

疗成本节约。二是进行风险选择，也就是选择更年轻、更健康的人群参加项目，从而无须投入更多的努力，也能从项目中低成本人群扩大来实现成本节约。黑森林地区整合型医疗的创办人有意识地实施了一系列机制，成功地防止了风险选择。与传统的风险选择不同的是，黑森林地区整合型医疗试点首先签约的是发病率和费用明显高于平均水平的参保人，从而实现了“倒置的风险选择”。

第三，构建集中化的共享信息平台。集中化共享信息平台的作用是为参保人群建立全方位、全周期健康档案，向居民和医生有序开放，实现数据互联互通。基于共享信息平台，才能够对参保人群进行风险分层，并提供有针对性的健康管理和预防方案。医疗数据实现互联互通，医疗提供者之间才能够开展医疗数据信息交流，避免重复检查、重复治疗和减少诊断错误。通过内部和外部跟踪评估，构建医疗服务持续改进的机制，也依赖于集中化信息平台的支持和医疗诊疗过程的透明化，参保人及时和准确了解自己的健康状况和治疗信息，才能够进行自我管理和参与医疗决策。

第四，重视参保人群风险分层和个案管理。医保机构和医疗机构对于整合型医疗试点项目的初期投资额是有限的，能否持续投入，取决于项目能否尽快取得成效。资源的投入应当具有针对性，黑森林金河谷地区整合型医疗试点项目将签约人群分为四类群体，利用强有力的数据支持来分析每个群体所需的健康干预措施，并制定个性化的健康管理和降低成本的策略，重点是为患有多种慢性病的参保人和高医药费用的患者，提供以价值为导向的医疗服务。

B.8
参考文献

1. 丁纯：《世界主要医疗保障制度模式绩效比较》，复旦大学出版社，2009。
2. 富兰德、古德曼、斯坦诺：《卫生经济学》，王健译，中国人民大学出版社，2004。
3. 富兰德、古德曼、斯坦诺：《卫生经济学（第6版）》，中国人民大学出版社，2011。
4. 胡爱平、王明叶：《管理型医疗》，高等教育出版社，2010。
5. 欧伯恩德：《卫生经济学与卫生政策》，钟诚译，山西经济出版社，2007。
6. 薛迪、陈洁：《管理型医疗保健与医学技术评估》，《中华医院管理杂志》1999年第6期。
7. 周恬弘：《浅谈美国的DRG给付制度》，《中国医改评论》2009年第6期。
8. 亨德森：《健康经济学》，向运华、钟建威、季华璐译，人民邮电出版社，2008。
9. 韩世远：《医疗服务合同的不完全履行及其救济》，《法学研究》2005年第6期。
10. 松本恒雄：《服务合同》，载《债权法改正的课题与方向——以民法100周年为契机》（别册NBL no.51），商事法务研究会，1998。
11. 中国保险行业协会、中国社会科学院课题组：《中国健康保险发展报告》，中国财政经济出版社，2010。
12. 王向楠：《社会医疗保险、市场结构与我国商业健康保险发展》，《保险研究》2011 年第 7 期。
13. 中国保监会：《健康保险管理办法》，2006 年 8 月。
14. 财团法人保险事业发展中心：《保险英汉词典》，2006。
15. 克纳茨：《德国如何控制医疗服务成本——专访德国卫生部高官弗兰兹·克纳茨》，《麦肯锡季刊》2010 年 5 月。
16. 李玉泉：《中国健康保险发展研究报告（2011 年）》，中国经济出版社，2013。
17. 胡晓义：《我国基本医疗保障制度的现状与发展趋势》，《行政管理改革》2010 年第 6 期。
18. 赵悦、沈际勇：《医疗机构构建整合型医疗体系的探讨》，《卫生经济研究》2017 年第 1 期。
19. 魏华林、李琼：《中美商业健康保险税收政策比较》，《保险研究》2006 年第 8 期。
20. 朱恒鹏：《还医生以体面：医疗服务走向市场定价》，《财贸经济》2010 年第 3 期。
21. 朱恒鹏：《管制的内生性及其后果：以医药价格管制为例》，《世界经济》2011 年第 7 期。
22. 朱铭来、贵哲暄：《卫生融资体系中基本医保与商业健康保险的关系——基于 2003 ~ 2012 年我国城镇地区的省级面板数据研究》，《保险研究》2014 年第 6 期。
23. 朱铭来、于新亮：《税收优惠对商业健康保险购买意愿影响研究》，《保险研究》2015 年第 2 期。
24. 朱进元、张承惠、殷剑峰：《转型与发展：保险保障与供给侧改革》，中国财政经济出版社，2017。
25. 杨华柏：《完善我国强制保险制度的思考》，《保险研究》2006 年第 10 期。
26. 孙宏涛：《论强制保险的正当性》，《华中科技大学学报》（社会科学版）2009 年第 4 期。
27. 张奇林：《美国医疗保障制度研究》，人民出版社，2005。
28. 詹姆斯·莫罗尼：《美国总统与医改：从富兰克林·罗斯福到巴拉克·奥巴马》，《中国卫生政策研究》2010 年第 12 期。
29. 赵曼、吕国营：《管办分离：医改的第三条道路》，《中国社会保障》2008 年第 7 期。
30. 郑春荣：《英国社会保障制度》，上海人民出版社，2012。
31. Arrow K. J. 1963. "Uncertainty and the welfare economics of medical care." *The American Economic Review* 53: 941 ~973.
32. Alexander et al., "Case Study: GesundesKinzigtal, Germany" healthpolicy. duke. edu/sites/default/files/atoms/files/germany_25jan2017. pdf.
33. Ashley et al., "The Business of Population Health Management: GesundesKinzigtal GmbH, Black Forest, Germany". The Advisory Board Company, 2016, advisory. com.
34. Brase T. 1998. "HMOs Rise Driven by Government, Not Market". *Issue of Intellectual Ammunition*, published by the Heartland Institute. November/December.
35. Centers for Medicare & Medicaid Services, Office of the Actuary, National Health Statistics Group. (2018): "National Health Expenditures; Levels and Annual Percent Change, by Source of Funds: Selected Calendar Years 1960 ~2017 Table 3." *www. cms. gov.*
36. Centers for Medicare & Medicaid Services. (2016a): "2015 Annual Report of the Boards of Trustees of the Federal Hospital Insurance and Federal Supplementary Medical Insurance Trust funds". *www. cms. gov.*

37. Centers for Medicare & Medicaid Services. (2016b): "Brief Summaries of Medicare & Medicaid 2015". *www. cms. gov*.

38. Congressional Budget Office. 2008. "Technological Change and the Growth of Health Spending", http://www. cbo. gov/doc. cfm? index = 8947.

39. Enthoven. A. C. (1993a): "The History and Principles of Managed Competition", *Health Affairs* (Supplement 1993): 24 ~ 48.

40. Enthoven. A. C. (1993b): "Health Care Costs: A Moral and Economic Problem", *California Management Review*, Winter, 134 ~ 150.

41. Enthoven. A. C. 1988. "Managed Competition: an agenda for action." *Health Affairs*, Summer, 27 ~ 47.

42. Kaiser Family Foundation (2005): "The 2005 Kaiser/HRET Employer Health Benefit". *www. kff. org/insurance/7315. cfm*.

43. Kaiser Family Foundation. 2010a. "Explaining Health Care Reform: Questions About Health Insurance Exchanges." Available at www. kff. org/healthreform/7908. cfm.

44. Kaiser Family Foundation. 2010b. "Explaining Health Care Reform: Questions About Health Insurance Subsidies." Available at www. kff. org/healthreform/.

45. Kaiser Family Foundation. 2010c. "Summary of Coverage Provisions in the Patient Protection and Affordable Care Act." Available at www. kff. org/healthreform/.

46. Kaiser Family Foundation. 2010d. "Summary of New Health Reform Law." Available at www. kff. org/healthreform/.

47. Kaiser Family Foundation. 2010e. "Medicare Advantage Factsheet." Available at www. kff. org.

48. Kaiser Family Foundation. 2010f. “Explaining health reform: Key Changes in the Medicare Advantage Program.” Available at www. kff. org.

49. Kaiser Family Foundation. 2012. “Heath care costs: A Primer key information on health care costs and their impact” May, p. 25, Available at http://www. kff. org/.

50. Manning et al (1984): “A Controlled Trial of the Effect of a Prepaid Group Practice on Use of. Services”, *New England Journal of Medicine*, 310 (23), 1505~1510.

51. Guterman etc (2011): “High Performance Accountable Care: Building on Success and Learning from Experience” *www. commonwealthfund. org/~/media/Files/Publications/Fund Report.*

52. Korda, Eldridge (2011): “Payment Incentive and Integrated Care Delivery: Levers for Health System Reform and Cost Containment” Inquiry, Vol48, Winter 2011/2012.

53. Humana (2016): “Index to Annual Report on Form 10 – k for the Year Ended December 31, 2015”, *https://www.* humana. com.

54. Luft. 1981. “Health maintenance organizations: Dimensions of performance.” New York: John Wiley and Sons.

55. Yokosawa K. E.:《全科医学：一门致力于不同年龄人群的综合健康保健的学科》,《美中医疗信息交流》2011 年第 4 期。

56. Kodner (2009): “All Together Now: A Conceptual Exploration of Integrated Care”, Healthcare Quarterly, Vol 13, Special Issue.

57. Ameriks J., Zeldes S. P. How do household portfolio shares vary with age. Columbia University Working paper, 2004.

58. Arellano, M. and S. Bond. Some Tests of Specification for Panel Data: Monte Carlo Evidence and an Application to Employment Equations.

Review of Economic Studies, 1991, 58 (2): 277 ~297.

59. Biles B., Lauren Hersch Nicholas, and Stuart Guterman. 2006. "Medicare Beneficiary Out - of - Pocket Costs: Are Medicare Advantage Plans a Better Deal?" *Commonwealth Fund pub*, 927. Vol. 19. 19 May.

60. Busse R., Riesberg A. "Health care systems in transition: Germany." Copenhagen, WHO Regional Office for Europe on behalf of the European Observatory on Health Systems and Policies, 2004.

61. Brown, J. R., N. B. Coe and A. Finkelstein. Medicaid crowd-out of private long-term care insurance demand: Evidence from the health and retirement survey. Tax Policy and the Economy, 2007, 21 (12536): 1 ~34.

62. Card D., Shore-Sheppard L. D. Using discontinuous eligibility rules to identify the effects of the federal medicaid expansions on low-income children. Review of Economics and Statistics, 2004, 86 (3): 752 ~766.

63. Cutler, D. M., J. Gruber. Does Public Insurance Crowd Out Private Insurance? Quarterly Journal of Economics, 1996, 111 (2): 391 ~430.

64. Eckel C. C., Grossman P. J. Sex differences and statistical stereotyping in attitudes toward financial risk. Evolution and human behavior, 2002, 23 (4): 281 ~295.

65. Ham, J. C. and L. Shore-Sheppard. The effect of medicaid expansions for low-income children on medicaid participation and private insurance coverage: Evidence from the sipp. Journal of Public Economics, 2005, 89 (1): 57 ~83.

66. Hildebrandt H. , et al. , “GesundesKinzigtal Integrated Care: Improving Population Health By a Shared Health Gain Approach and a Shared Savings Contract,” International Journal of Integrated Care, 23 June 2010, *http: //www. ijic. org/index. php/ijic/article/view/539/1050*.

67. House of Commons, 2009a. “Memorandum by the Consortium of External Commissioning Contractors (COM 105) . ” Accessed 5 Jan 2010. http: //www. publications. parliament. uk.

68. House of Commons, 2009b. “Memorandum by UnitedHealth UK (COM 92) . ” Accessed 5 Jan 2010. http: //www. publications. parliament. uk.

69. House of Commons. 2009c. “Memorandum by Bupa (COM 63) . ” Accessed 5 Jan 2010. *http: //www. publications. parliament. uk*.

70. Liu, G. G. , Wu, X. D. , Peng, C. Y. , Fu, A. Z. Urbanization and Health Care in Rural China. Contemporary Economic Policy, 2002, 21 (1): 11 ~24.

71. Nickell, S. Biases in Dynamic Models with Fixed Effect s. Econometrica, 1981, 49 (6): 1417 ~1426.

72. Sasso A. T. L. , Buchmueller T. C. The effect of the state children’s health insurance program on health insurance coverage. Journal of Health Economics, 2004, 23 (5): 1059 ~1082.

73. Sloan, F. A. and E. C. Norton. Adverse selection, bequests, crowding out, and private demand for insurance: Evidence from the long-term care insurance market. Journal of Risk and Uncertainty, 1997, 15 (3): 201 ~219.

74. Esther Uyehara, Margaret Thomas. Health “Maintenance Organization and the HMO Act of 1973. ” the Rand paper series, 1975. Dec.

75. Farrell、Jensen、Kocher. :《美国人缘何要支付较高的医疗保健费用》，2009，麦肯锡中文网。

76. Smith，Newhouse，and Freeland. 2009. "Income，Insurance，And Technology：Why Does Health Spending Outpace Economic Growth?" *Health Affairs*，28，No. 5：1276～1284.

77. Newhouse，Joseph P. 1992. "Medical Care Costs：How Much Welfare Loss?" *Journal of Economic Perspectives*. 6（3），pp. 3～21.

78. Drouin J. P.，Hediger. V and Nicolaus Henke. 2008. "Health care costs：A market-based view." *The Mckinsey Quarterly*. September.

79. Fairfield G.，Hunter D. J.，Mechanic D，Rosleff F. 1997. "Managed care：origins，principles，and evolution." *BMJ*. Jun 21；314（7097）：1823～1826.

80. Dorsey J. L. 1975，"the health maintenance organization act of 1973 and prepaid group practice plans." *Medical Care*.，Jan，Vol. 8，No. 1.

81. Jesse W. Bradford et al. 2011. "Accounting for the Cost of U. S. Health Care." Accessed December. *http：//healthreform. mckinsey. com*.

Abstract

Annual Report on Health Insurance of China is an annual series report of *Blue Book of Health Insurance*. The main contents are as follows.

The general report reviews the overall development of China's health insurance industry in 2018. At the same time, it anticipates its development in the future. It is believed that the health insurance industry has achieved rapid growth under the policy guidance of the regulatory authorities' efforts to develop guarantee industry. Among them, the commercial health insurance business has achieved noteworthy innovation and development in many aspects, such as products, channels and business models, which is also deeply influenced by the digital technology revolution. The government commissioned business continues to expand in many areas, including basic medical insurance, critical illness insurance, medical assistance and long-term care insurance. And it has become the focus of transforming government functions.

The "market report" section includes four special reports.

Critical illness insurance and individual tax premium health insurance are two unique types of insurance in China's health insurance industry. The report reviews the establishment and development of critical illness insurance and individual tax premium health insurance systems. It affirms the achievements of their development, and points out many problems and challenges they face. It makes policy suggestions on deepening reform based on the analysis of imperfections in the system design.

In 2018, five American health insurance groups entered Fortune Global 500. The report holds that American health insurance groups assume three major functions in the medical service system and achieve functional expansion, which is the key to becoming bigger and stronger.

Long-term care insurance system pilot is an important measure to deal with the aging population in China. The report summarizes the overall progress of the long-term care insurance pilot work, affirming the model of "government-led, insurance company-run" . It considers that the long-term care insurance pilot has achieved significant achievements. Meanwhile, it puts forward policy recommendations, such as strengthening top-level design.

The cost control reform of basic medical insurance has become the focus of China's deepening reform of the medical and health care system. It also provides an opportunity for the health insurance industry participating in the management of basic medical insurance. This report sorts out the historical evolution and internal logic of the international basic medical insurance fee control reform, and analyzes the success and failure of the "government fee control model" and "public-private partnership fee control model", which provides reference for China's basic medical insurance fee control reform.

"System innovation" section includes two special reports.

The primary medical reform "Healthy Huanghua" endows family doctors with two new functions of providing health management services and providing basic medical insurance fee control services. This medical reform introduces the health insurance industry to participate in the basic medical care system governance. It gradually touches on some deep-rooted institutional and mechanism problems. This report aims to "dissect the sparrow", and clarifies the mechanism of primary medical reform "Healthy Huanghua".

The integrated medical model in Black Forest Golden Valley of Germany is highly recommended by many international authoritative health policy research institutions. This special report discusses the operation mechanism of integrated medical model in Black Forest Golden Valley from four aspects, including organization models, incentive models, medical models and continuous improvement mechanism. Finally, the implications to China is discussed.

Keywords: Healthy China; Health Insurance Industry; Medical Insurance

Contents

I General Report

Abstract: This report reviews the overall development of China's health insurance industry in 2018. At the same time, it anticipates its development in the future. It is believed that the health insurance industry has achieved rapid growth under the policy guidance of the regulatory authorities' efforts to develop guarantee industry. Among them, the commercial health insurance business has achieved noteworthy innovation and development in many aspects, such as products, channels and business models, which is also deeply influenced by the digital technology revolution. The government commissioned business continues to expand in many areas, including basic medical insurance, critical illness insurance, medical assistance and long-term care insurance. And it has become the focus of transforming government functions. With the advent of an aging population and healthy China construction, the health insurance industry has broad prospects for development. It also faces new challenges and calls for further reform of the medical and health care system and improvement of regulatory policies.

Keywords: Healthy China; Aging Population; Health Insurance Industry

Ⅱ Market Reports

B.2 Review and Recognition of the Development of Critical Illness Insurance and Individual Tax Premium Health Insurance in China *Yan Jianjun, Qian Zhiwang and Wan Guangsheng* / 032

Abstract: Critical illness insurance and individual tax premium health insurance are two unique types of insurance in China's health insurance industry. This report reviews the establishment and development process of critical illness insurance and individual tax premium health insurance policy. It affirms their achievements, and points out their problems and challenges. Based on the further analysis of imperfections in system design. This study puts forward the policy suggestions to deepen the critical illness insurance and individual tax premium health insurance system reform. From the perspective of the mechanism of medical insurance administration, it is impossible to construct the critical illness insurance fee control mechanism if the critical illness insurance administration if separated from the basic medical insurance administration. Privatization of both critical illness insurance and basic medical insurance may be the better choice. The individual tax premium health insurance in China is compulsive, but the positioning of the compulsory insurance and the commercial health insurance do not match.

Keywords: Critical Illness Insurance; Individual Tax Premium Health Insurance; Fee Control Mechanism; Insurance Company

Abstract: In 2018, five American health insurance groups entered Fortune Global 500 in the background of the inflation of medical costs in the United States and the reform of the public-private partnership system of basic medical insurance in the United States. The report holds that American health insurance groups assume three major functions in the medical service system and achieve functional expansion, which is the key and reflection of becoming bigger and stronger. In the premium income composition of large health insurance groups, the premium income of government medical insurance business occupies a large share, providing supports for them to assume important functions in the medical service system. In addition, the scale economy effect is also the reason why health insurance groups entered Fortune Global 500.

Keywords: World's Top 500; Health Insurance Group; Medical Service System

Abstract: The long-term care insurance system pilot is an important measure to deal with the aging population in China. This report summarizes the overall progress of the long-term care insurance pilot, and concludes that the long-term care insurance pilot runs smoothly and has made remarkable achievements in four aspects, including establishing the "sixth insurance" of the basic guarantee system, reducing the burden of family care, relieving the pressure of basic medical insurance fund, and promoting the development of the medical care and nursing industry. The report believes that the model of "government-led and insurance company-run" is the main operation model of long-term care insurance in China in the future. It also puts forward suggestions to strengthen top-level design from three aspects, improving top-level design, improving technical standards and system norms related to long-term care insurance, and promoting the application of digital technology in the elderly care industry.

Keywords: Long-term Care Insurance System; Disabled Elders; Insurance Company; Long-term Care Insurance Pilot in Qingdao

Ⅲ Institutional Innovation Reports

Abstract: After the release of the new medical reform plan in 2009, China quickly established a medical security safety net covering nearly 1. 4 billion people, promoted the equalization of basic public health services, and improved the accessibility and fairness of medical services. However, further exploration is still needed in the construction of the mechanism. As the "Healthy China 2030 Planning Outline" states that it is necessary to "remove the institutional and mechanism obstacles" . The primary medical reform "Healthy Huanghua" endows family doctors with two new functions of providing health management services and providing basic medical insurance fee control services. It gradually touches on some deep-rooted institutional and mechanism problems, and sets out to build a long-term mechanism. This report aims to "dissect the sparrow", and clarifies the mechanism of primary medical reform "Healthy Huanghua" and promote the further maturity of the model.

Keywords: Healthy China; "Healthy Huanghua"; Primary Medical Reform; Family Doctor

Abstract: The reform of basic medical insurance fee control will become the focus of China's deepening medical and health system reform after realizing the full coverage of medical security. This report sorts out the historical evolution and internal logic of the international basic medical insurance fee control reform. Meanwhile, it summarizes the successes and failures and concludes that the administrative basic medical insurance fee control reform faces many difficulties. The managed medical care mechanism of modern medical service system has gradually formed and achieved pilot results by adopting the contract-based fee control mode of medical service and private basic medical insurance. It has triggered the rise of the basic medical insurance fee control reform oriented by "managed medical care" . After entering the 21st century, the basic medical insurance reform has shifted from controlling fees to value orientation in order to solve the drawbacks brought by the single goal of controlling fees. From the unification of the history and logic of the international basic medical insurance fee control reform, it may provide enlightenment for optimizing the top-level design of the basic medical insurance fee control reform in China, and provide reference for local medical reform pilots.

Keywords: Measures to Control Fees in USA and UK; the Reform of Basic Medical Insurance Fee; "Managed Medical Care"

Abstract: The integrated medical model in Black Forest Golden Valley of Germany is highly recommended by many international authoritative health policy research institutions. This report discusses the operation mechanism of integrated medical model in Black Forest Golden Valley from four aspects, including organization models, incentive models, medical models and continuous improvement mechanism. Finally, the implications of the Black Forest Model for China's value-oriented medical reform pilot is discussed.

Keywords: Black Forest District in Germany; Integrated Medical Model; Medical Reform Pilot

S 基本子库
SUB DATABASE

中国社会发展数据库（下设12个子库）

全面整合国内外中国社会发展研究成果，汇聚独家统计数据、深度分析报告，涉及社会、人口、政治、教育、法律等12个领域，为了解中国社会发展动态、跟踪社会核心热点、分析社会发展趋势提供一站式资源搜索和数据分析与挖掘服务。

中国经济发展数据库（下设12个子库）

基于"皮书系列"中涉及中国经济发展的研究资料构建，内容涵盖宏观经济、农业经济、工业经济、产业经济等12个重点经济领域，为实时掌控经济运行态势、把握经济发展规律、洞察经济形势、进行经济决策提供参考和依据。

中国行业发展数据库（下设17个子库）

以中国国民经济行业分类为依据，覆盖金融业、旅游、医疗卫生、交通运输、能源矿产等100多个行业，跟踪分析国民经济相关行业市场运行状况和政策导向，汇集行业发展前沿资讯，为投资、从业及各种经济决策提供理论基础和实践指导。

中国区域发展数据库（下设6个子库）

对中国特定区域内的经济、社会、文化等领域现状与发展情况进行深度分析和预测，研究层级至县及县以下行政区，涉及地区、区域经济体、城市、农村等不同维度。为地方经济社会宏观态势研究、发展经验研究、案例分析提供数据服务。

中国文化传媒数据库（下设18个子库）

汇聚文化传媒领域专家观点、热点资讯，梳理国内外中国文化发展相关学术研究成果、一手统计数据，涵盖文化产业、新闻传播、电影娱乐、文学艺术、群众文化等18个重点研究领域。为文化传媒研究提供相关数据、研究报告和综合分析服务。

世界经济与国际关系数据库（下设6个子库）

立足"皮书系列"世界经济、国际关系相关学术资源，整合世界经济、国际政治、世界文化与科技、全球性问题、国际组织与国际法、区域研究6大领域研究成果，为世界经济与国际关系研究提供全方位数据分析，为决策和形势研判提供参考。

法律声明

“皮书系列”（含蓝皮书、绿皮书、黄皮书）之品牌由社会科学文献出版社最早使用并持续至今，现已被中国图书市场所熟知。“皮书系列”的相关商标已在中华人民共和国国家工商行政管理总局商标局注册，如LOGO（ ）、皮书、Pishu、经济蓝皮书、社会蓝皮书等。“皮书系列”图书的注册商标专用权及封面设计、版式设计的著作权均为社会科学文献出版社所有。未经社会科学文献出版社书面授权许可，任何使用与“皮书系列”图书注册商标、封面设计、版式设计相同或者近似的文字、图形或其组合的行为均系侵权行为。

经作者授权，本书的专有出版权及信息网络传播权等为社会科学文献出版社享有。未经社会科学文献出版社书面授权许可，任何就本书内容的复制、发行或以数字形式进行网络传播的行为均系侵权行为。

社会科学文献出版社将通过法律途径追究上述侵权行为的法律责任，维护自身合法权益。

欢迎社会各界人士对侵犯社会科学文献出版社上述权利的侵权行为进行举报。电话：010-59367121，电子邮箱：fawubu@ssap.cn。

社会科学文献出版社